国家出版基金项目
NATIONAL PUBLICATION FOUNDATION

国家宣言丛书

中国自信

CHINA
SELF-CONFIDENCE

纪亚光　著

辽宁人民出版社

图书在版编目（CIP）数据

中国自信 / 纪亚光著. —沈阳：辽宁人民出版社，
2019.5（2021.10重印）
（国家宣言）
ISBN 978-7-205-09510-9

Ⅰ. ①中… Ⅱ. ①纪… Ⅲ. ①社会主义建设模
式—研究—中国 Ⅳ. ①D616

中国版本图书馆CIP数据核字（2019）第000156号

出版发行：辽宁人民出版社
　　　　地址：沈阳市和平区十一纬路25号　邮编：110003
　　　　电话：024-23284321（邮　购）　024-23284324（发行部）
　　　　传真：024-23284191（发行部）　024-23284304（办公室）
　　　　http://www.lnpph.com.cn
印　　　刷：辽宁新华印务有限公司
幅面尺寸：170mm×240mm
印　　张：12.75
插　　页：2
字　　数：180千字
出版时间：2019年5月第1版
印刷时间：2021年10月第2次印刷
责任编辑：马　辉　董　喃
装帧设计：丁末末
责任校对：吴艳杰　耿　珺
书　　号：ISBN 978-7-205-09510-9

定　　价：54.00元

纪亚光

汉族，1969年4月2日出生，南开大学研究生院常务副院长，南开大学马克思主义学院教授、博士生导师，教育部教学指导委员会中国近现代史纲要教指委副主任委员。主要从事中国近现代史基本问题研究、中共党史研究。出版《国共全面内战的缘起》《战后中国政党与政治研究》等学术著作10余部，在《当代中国史研究》《党的文献》《光明日报》《中国教育报》等期刊和国内外学术会议论文集发表文章100余篇；科研成果多次获天津市社会科学优秀成果奖。

国家宣言丛书
— NATIONAL MANIFESTO SERIES —

编委会

总序 CHINA
SELF-CONFIDENCE

改革开放40周年之际，中国发展进入了新时代、提出了新思想、踏上了新征程。习近平总书记在党的十九大报告中明确提出："中国特色社会主义进入新时代，意味着近代以来久经磨难的中华民族迎来了从站起来、富起来到强起来的伟大飞跃，迎来了实现中华民族伟大复兴的光明前景；意味着科学社会主义在二十一世纪的中国焕发出强大生机活力，在世界上高高举起了中国特色社会主义伟大旗帜；意味着中国特色社会主义道路、理论、制度、文化不断发展，拓展了发展中国家走向现代化的途径，给世界上那些既希望加快发展又希望保持自身独立性的国家和民族提供了全新选择，为解决人类问题贡献了中国智慧和中国方案。"习近平新时代中国特色社会主义思想是当代中国化的马克思主义、是21世纪的马克思主义，是为中国人民谋幸福、为中华民族谋复兴的思想，更是为人类谋和平与发展的科学指引。

新时代承前启后、继往开来。新时代既是实现中华民族伟大复兴中国梦的时代，也是中国日益走近世界舞台中央、不断为人类作出更大贡献的时代。综观世界大势，国际环境波诡云谲，世界治理面临着各种挑战，世界经济复苏乏力、局部冲突和动荡频发、全球性问题加剧，这些问题的核心是发展问题，是人类"向何处去"的问题。针对如何走出发展迷局，如何解决发展难题的困惑，世界各国和国际组织越来越希望听到中国声音，越来越期盼看到中国方案，越来越渴求借鉴中国发展新文明。

中国与世界的互动和对世界的贡献，蕴含在中国从站起来到富起来，再到强起来的历史逻辑之中。中国的实践成就和文明成果是在"改革开放40年的伟大实践中得来的，是在中华人民共和国成立近70年的持续探索中得来的，是在我们党领导人民进行伟大社会革命97年的实践中得来的，是在近代以来中华民族由衰到盛170多年的历史进程中得来的，是对中华文明5000多年的传承发展中得来的，是党和人民历经千辛万苦、付出各种代价取得的宝贵成果"。进入新时代，"强起来"的中国，将为促进世界和平发展不断贡献中国智慧和中国力量。一个和平大国的"强起来"既是国家经济实力、科技实力、国防实力、综合国力的强，也是中国国际影响力和文化软实力的提升，更是要让人民的生活更加富裕美好。

文化兴，世界兴。新时代的世界意义核心在于中国的成功在思想文化和文明形态层面给世界更多贡献。这要求我们必须讲好中国故事，创建中国理论，传递中国声音，构建中国特色、中国风格、中国气派的哲学社会科学，这套"国家宣言"丛书正是在中国特色社会主义进入新时代这样的大背景下构思编写的。

丛书深入研究党的十九大精神，学习习近平新时代中国特色社会主义思想，立足党的十八大以来中国道路的成功经验，面向决胜全面建成小康社会、建设社会主义现代化强国的新征程，从"中国智慧""中国自信""中国理念""中国战略"和"中国方案"五个方面，向世界发出中国声音，以期能够为提升中国道路的世界影响力贡献绵薄之力。

《中国智慧》主要以中国优秀传统文化、中国共产党革命和建设的红色文化，尤其是改革开放以来的社会主义核心价值体系和核心价值观为考察对象，从深沉的中国价值的角度，思考中国道路在文化和价值观领域里的基本问题，该部分是丛书在思想高度和价值层面上的展示。

《中国自信》从中国近现代以来的发展历史的角度，从当代改革开放取得的实践成果出发，论证中国道路的正确性，提出中国道路自信的历史和现实依据，从马克思主义理论的科学性、中国改革开放思想的包容性、贯穿始终的人民性及面向世界的目标取向四个方面切入，突出中国道路自信、理论自信、制度自信和文化自信。

《中国理念》突出以新发展理念为主要内容的习近平新时代中国特色社会主义经济思想，思想是行动的先导，明确发展理念，才能制定出正确的发展战略，从而实现发展目标。进入新时代，中国共产党准确把握中国及世界发展格局的变化，提出创新、协调、绿色、开放、共享的发展理念，具有重要的理论、实践和世界意义。

《中国战略》聚焦习近平新时代中国特色社会主义思想，明确中国特色社会主义事业总体布局是"五位一体"，战略布局是"四个全面"，着重研究中国走向社会主义现代化强国的战略安排，明确"战略定位""战略方针""战略部署""战略对策""战略选择"等内容，论证中国战略的理论依据。

《中国方案》着眼于中国的国际担当和外交战略，审视西方发展道路的弊端，提供中国解决世界政治经济问题的方案，展示大国责任、贡献中国智慧，突出"一带一路"倡议的战略价值，推动构建人类命运共同体。

为了让更多的人了解"中国宣言"，本丛书遵循问题导向，坚持理论性与通俗性相结合，力图把基本原理、基本概念用更为接地气的语言表达出来，同时，力求用最简短的语言表达深刻的哲理问题。

韩喜平

2019年2月

目
录 CHINA
SELF-CONFIDENCE

掌握科学的认识工具

第一章

中国自信
CHINA
SELF-CONFIDENCE

中国特色社会主义道路是近代以来中华民族为改变屈辱命运，实现民族独立、国家富强、人民幸福而不断求索的历史选择。在这一过程中，历经"效法欧美""以俄为师""中国特色"三个不断超越的递进阶段，表明中国特色社会主义本身蕴含着中西文明的碰撞与交融，体现着中国特色社会主义是历史和人民在不断推陈比较中借鉴、汲取、继承、发展人类文明优秀成果的产物。历史和人民选择马克思主义的指导，缘于其揭示了自然、社会和思维发展的一般规律，提供了科学的世界观和方法论。中国共产党在以马克思主义为指导解决中国实际的过程中，把马克思主义的基本原理同中国优秀传统文化和中国革命、建设和改革的具体实践相结合，用科学的世界观和方法论研究解决不同历史时期的重大问题，以中国革命、建设和改革开放的成功和中华民族走向复兴的沧桑巨变，有力地证明了马克思主义无可置疑的科学性。

一、民族存亡之际的上下求索

在人类社会从蒙昧走向文明的进程中，中华民族创造的中华文明宛如暗夜中灿烂的明灯，特别引人注目。她是最早点亮人类心灵的古代文明之一，与古代埃及文明、两河文明、印度文明并称为历史最悠久的世界四大文明；她同时也是唯一一直存续到现代，依然辉映在世界东方的文明。曾与中华文明一同普照大地的其他古代文明，在经历了几百年的辉煌之后，全部相继消亡，成为落满历史尘埃的遥远记忆。中华文明的领先和延续，使中国在数千年间一直站在世界文明的中心，不仅为周边民族、国家仰望，也令遥远的欧美诸国向往。美国学者罗兹曼在回望人类文明历程时是这样描述中华文明的："在世界历史的大部分时间里，中国一向是整个东亚社会的文化巨人，其所扮演的角色，集西方人在文化上无限景仰的古希腊罗马和作为现代欧洲文明中心而倍受倾慕的法兰西于一身。悠悠两千载，中国人表明自己拥有程度极高而造诣极深的多样化文化价值，拥有控制、协调和管理幅员辽阔而人口众多的国家的能力，拥有有效地把技术开发应用于生产的扩大并维持数倍于19世纪欧洲国家人口的组织天才。中国人过去的生活标准是其他民族根本无法与之比拟的。"[1]

然而，封建专制主义的长期浸润，造就了畸形的家国同构君主专制政体。上自庙堂之中的国家大事，下至黎民百姓的衣食住行，都取决于皇帝、族长、家长的个人意志。与之相适应，中国在政治上兴亡更迭频仍，经济社会发展水平长时期停滞不前。正当中华文化在烂熟中缓慢前行之际，伴随文艺复兴、地理大发现、工业革命、资产阶级民主革命，欧洲从中世纪的愚昧和黑暗中苏醒过来，跃上了世界文明进程的制高点。在变化了的世界面前，闭关锁国、故步自封的清朝统治者依然陶醉在天朝上国的迷梦之中。1793年，乾隆皇帝面对英王乔治三世通商的请求，断然拒绝道："天朝德威远被，万国来王，种种贵重之物，梯航必集，无所不有。尔之正使等所亲见，然从不贵奇巧，并更无需尔国置办物件。"这一傲慢的举动，被作为最具代表性的"自我中心的错觉"典型例证记录在人类文明史中。[2]

令乾隆回信在人类文明史中凸显的，不仅是其倨傲的话语，更为重要的是，随后不到50年，英王乔治三世的后人们不仅以非法的鸦片贸易吸干了清王朝的国库和中国人的神髓，更以坚船利炮轰开了大清王朝貌似坚不可摧的厚重国门。以1840年鸦片战争失败为起点，历经第二次鸦片战争、中日甲午战争、八国联军入侵中国，东方巨龙不得不接受一次又一次的战争失败和愈演愈烈的割地赔款，中国遇到"三千年未有之大变局"，由主权国家逐步沦为半殖民地半封建社会，中华民族面临着亡国灭种的严峻考验。

为改变中华民族屈辱的命运，中国人民中的先进分子和仁人志士进行了

---

① ［美］罗兹曼主编：《中国的现代化》，国家社会科学基金"比较现代化"课题组译，江苏人民出版社2003年版，第15页。

② ［英］汤因比著，［美］索麦维尔节录：《历史研究》，曹未风译，上海人民出版社1966年版，第46—47页。

千辛万苦的探索。

鸦片战争时期，林则徐与魏源作为时代翘楚留在历史的深沉记忆之中。1839年，林则徐衔命赴广东禁烟，于坚决禁烟的同时，耳闻目睹，深感"沿海文武大员并不谙诸夷情，震于英吉利之名，而实不知来历"。为探知西事"夷情"，林则徐设立翻译馆，聘任通晓英文的洋行买办、通事等翻译在澳门出版的外文报刊中有关鸦片贸易、英国政府动态的评论，汇成《澳门新闻纸》以为备战决策参考。同时，主持编译《各国律例》《四洲志》《对华鸦片贸易罪过论》《华事夷言》等著作，尤以《四洲志》影响最大。《四洲志》依据英人慕瑞著《世界地理大全》编译而成，全书8万余字，概述了五大洲30余国的基本状况，尤其侧重介绍其军队、财政、税收、政事、外交、官制、人口、习俗等现实问题，是我国第一部较为系统的世界史地译著。

1841年7月，林则徐因鸦片战争失败被贬充军新疆途中，在镇江遇见魏源，将《四洲志》及其他资料悉数相送，托其撰写一部系统介绍外部世界的著述。魏源依据这些资料，独立撰写《筹海篇》总叙、后评，并借鉴《地理备考》《美里哥国志略》及香港英人所著《大宪图》等译稿，于1842年编成50卷本的《海国图志》，后又两度扩展，到1852年终成100卷的巨著，具体涉及世界各国的地理、历史、政治、经济、军事、科学技术、文化教育、国际关系、民风民俗等许多方面，并附录70多幅世界地图，成为鸦片战争后50年间中国成就最高、影响最大的域外史地著作。

《海国图志》开篇点明了"为以夷攻夷而作，为以夷款夷而作，为师夷长技以制夷而作"的编纂目的，把"悉夷情"放在首位，要求国人抛弃"华夷之辩"的旧观念，虚心了解和认识外部世界，即"欲制外夷者，必先悉夷情始；欲悉夷情者，必先立译馆翻夷书始"①。魏源指出，"夷之长技"有三："一火器，二战舰，三养兵练兵之法"，并据此提出"师夷长技"的具体方

---

① 魏源：《海国图志·筹海篇三·议战》卷二，《魏源全集》第四册，岳麓书社2004年版，第27页。

案：一是设局造船制炮，掌握西方技术；二是扩展军工生产，发展民用工业；三是借鉴西方养兵练兵之法，整顿军队。在如何"制夷"方面，魏源认为关键是"善师"。他认为，"西夷之所长，不徒船炮也"，还在于政明与人和，建议朝廷效法西方民主政治，清理官场积弊，改革国政朝纲。《海国图志》将学习西方的行动从"悉夷情"推进到"师长技"的方案层面，"制夷"的思路也从国防建设推及国政改革和人心整合，指明了社会变革的方向和近代化的路线，成为近代中国学习和研究西方新知的开端，具有里程碑的意义。

然而，林则徐、魏源等开风气之先的思想，却被时人看作是为"夷"张目，无人关注，成为空谷足音。林则徐与魏源的落寞谢幕，折射出鸦片战争的失败并没有刺痛大清王朝久已麻木的神经。在一如既往的自得与自大幻影中，清王朝依照既有的惯性，继续向失败的深渊滑去。吊诡的是，此后不久，《海国图志》等著作传入日本，被同样面临西方列强挑战的东瀛邻国视为强国富民的奇书而屡屡翻刻，从而成为日本变革维新的催化剂！

直到鸦片战争失败20年后，尝到第二次鸦片战争失败苦果的一些大清官员才开始进一步认识到民族危机的严重——"长江通商以来，中国利权操之外夷，弊端百出，无可禁阻"[①]。在镇压太平天国的过程中，从中央至地方，奕䜣、文祥抑或曾国藩、李鸿章、左宗棠等明确提出"中国欲自强，则莫如学习外国利器，欲学习外国利器，则莫如觅制器之器"[②]。1861年，曾国藩在安庆设立内军械所，成为洋务派创建最早的一家军工厂。1862年，安庆内军械所研制出中国第一台蒸汽机，年底建成第一艘轮船，中国开始进入机器制造时代。1865年，容闳奉李鸿章之命，建立江南机器制造总局，迅速发展成为洋务运动时期设置较早、规模最大、成效最为显著的兵工厂。此后，洋

---

① 《李文忠公全集》（朋僚函稿）卷三，台北文海出版社1980年影印本，第19、13页。

② 《筹办夷务始末》（同治朝）卷二十五，上海古籍出版社2007年版，第9—10页。

务派开始推行规模化的军工生产，至甲午战争前在南京、天津、长沙、汉阳、西安、广州等地创建了金陵机器局、天津机器局、湖北枪炮厂等10余个有关制炮的军工企业。

在现代军事需要的推动下，航运、铁路与电报等通信、交通事业随之兴起。1873年，李鸿章在上海成立了轮船招商局。1879年，天津至大沽之间电报线路通信成功，电报业务随后全面展开。1881年修建从唐山至胥各庄的运煤专线。为支撑现代国防所需矿物能源和巨额经费，采矿、纺织等民用工业相继兴办。这一时期兴办的矿厂，除著名的开平煤矿，还有台湾基隆煤矿、山东淄川煤矿、湖北江夏马鞍山煤矿、山东峄县中兴煤矿、江苏徐州利国驿煤矿、云南铜矿、黑龙江漠河金矿、湖北大冶铁矿等。在纺织业方面，1878年左宗棠创办兰州机器织呢局，1879年李鸿章兴办上海机器织布局，1890—1894年张之洞设立湖北织布局、湖北纺纱局和湖北缫丝局。

洋务派的一系列军事与经济改良举措，遇到了强大的保守势力阻挠。在"祖宗之法万不可变"的浓厚守旧氛围下，洋务派举步维艰。1875年，首任驻外公使郭嵩焘所著《使西纪程》刊行出版，收录了他从上海到伦敦沿途49天的见闻日记，大胆赞扬了西方政教等近代文明，立即引起公愤，认为他"有二心于英国，欲中国臣事之"[1]，竟相唾骂其为"郭二鬼子"；李鸿章支持修筑铁路也引起了守旧官僚众怒，引发洋务、保守两派长期的拉锯战，直到甲午战争后，时任河南布政使的额勒精额在议复光绪皇帝自强上谕中仍然坚持"铁路万不可开"的主张。[2]更为重要的是，洋务派自身也"以为吾中国之政教风俗，无一不优于他国，所不及者，惟枪耳、炮耳、船耳、机器耳"[3]，遵循"中体西用"指导思想。这种在认识上的局限，使其修复帝制秩序目标

---

① 王闿运：《湘绮楼日记》，台北商务印书馆1927年铅印本，第290页。

② 关于修建铁路的新旧争论详参江中孝博士论文：《晚清官僚的守旧思想与行为探析》，南开大学，2007年，第30—55页。

③ 梁启超：《李鸿章传》，中国华侨出版社2013年版，第184、186页。

下的局部改良，显然无法应对"数千年未有之变局"。1894年甲午战争的惨败，宣告了洋务运动的失败。

洋务运动虽然因拘泥于"中体西用"而失败，但在时代大潮的催化下，也孕育了改良维新思想的萌动。1861年，林则徐得意门生冯桂芬写成《校邠庐抗议》一书，通过中西比较，提出"以中国之伦常名教为原本，辅以诸国富强之术"的处理中西文化基本原则；19世纪70年代首任驻英公使郭嵩焘则指出西洋文化以政教为本，主张正朝廷以正百官。随后，改良思想渐成一股潮流，代表人物为王韬、薛福成、马建忠、郑观应、陈炽、何启、胡礼垣等。经济上，他们主张振兴商务、发展资本主义工商业。薛福成指出，"欧洲立国以商务为本，富国强兵全借于商"；王韬认为，西方富强的关键在"恃商为国本"，要使中国富强，就必须振兴商务，以发展经济为本；马建忠相信，"治国以富强为本，而求强以致富为先"；郑观应将西方列强侵略中国的手段分为"兵战"与"商战"两种，指出兵战为有形之战，商战为无形之战，商战为兵战的基础，断言"习兵战不如习商战"。①对于如何进行"商战"，他们主张首先应改变"重农轻商"传统观念与抑商政策，减少官方对企业的垄断与控制，大力发展民族工商业，"一体准民间开设……全以商贾之道行之，绝不拘以官场体统"②，并主张扩大通商贸易，开采矿山，兴办保险事业，保护海外华侨；在发展工商业的过程中，应学习西方的经济组织与企业管理方法，并建议中央设立商部，地方设立工商工所；鉴于中外关税上的不平等，他们还呼吁裁撤厘卡，收回海关与关税自主权。政治上，他们意识到封建专制制度乃是阻碍"商战"发展的一大痼疾，倡导君主立宪与议院制度，试图通过引进、介绍西方现代政治制度来改变现状。王韬将西方国家政治制度分为"君主之国""民主之国"与"君民共主之国"进行详细介绍，认为英国的

① 夏东元编：《郑观应集》（上），上海人民出版社1982年版，第591页。
② 夏东元编：《郑观应集》（上），上海人民出版社1982年版，第612页。

君主立宪制度最适宜为中国所效法；何启从学理上大力鼓吹民主政治、君主立宪政体，批判君主专制制度，主张施行民主选举，设立议院。马建忠对英美民主政治的弊端有较清楚的认识，但也认为三权分立原则"权不相侵"，因而"政事纲举目张，粲然可观"，且"人人有自立之权，即人人有自爱之意"，具有"下情可达"的功效①。郑观应极力鼓吹西方的议会制度，强调"议院兴而民志合、民气强"，"（中国）果能设立议院，联络众情……合四万万之众如一人，虽以并吞四海无难也"，富国强兵的唯一出路便在于"必自设立议院始也"，强烈主张开设议院②。汤震则提出了一整套具体的议院组织方案：以王公至各衙门堂官、翰林院四品以上官员组成上议院，由军机处主持；以堂官、翰林院四品以下官员组成下议院，由都察院主持；各地有应议之事，由各地士绅参与讨论。在对外关系上，他们要求取消列强在华的片面最惠国待遇、领事裁判权、协定关税等特权，并就外交政策提出了自己的看法：王韬、郑观应、陈炽等人主张联合英国、日本，抵制俄国、法国，缓解日趋严峻的边疆危机，薛福成则主张联合美国或俄国，但首先必须自强。在文化教育上，他们提倡西学，强调人才、学校对国家兴衰的重要性，要求废八股、变科举、兴西学，改变传统的学校与科举制度，为富国强兵造就新式人才；主张在各省广设西学书院，培养近代人才。如上系列改革主张，成为甲午战争后兴起的戊戌维新运动的重要思想来源。

早期维新派代表人物产生如上思想，与其特殊经历不无关系。马建忠曾留学法国，主修国际公法，广泛涉猎西学；薛福成久在李鸿章幕府，洞悉诸多洋务详情，19世纪80年代末开始任驻欧使节；王韬久居上海、香港，深受西学氛围的熏陶，并游历过英、法、日本；郑观应早年曾学英语，对西学甚感兴趣，供职英、美洋行，后参与洋务事业，并任轮船招商局总办，对洋务

① 马建忠：《适可斋记言记行·记言》，台北文海出版社1966年影印版，第71页。
② 夏东元编：《郑观应集》（上），上海人民出版社1982年版，第311—315页。

事业、中外情形尤其有切实体验；何启为香港人，早年留学英国，毕业于林肯法律学院；同为香港人的胡礼垣则肄业于香港大学。这样特殊的经历，使他们深受西风浸染，同时视野受自身经历所限，对西学有一定了解，但没有形成相对成熟、完整的理论体系。如他们主张施行议院、君主立宪制度，并非现代意义上的民主制度，实质上只不过是希望在君主专制下，能够开辟更多的下情上传的渠道。因此，这股早期的改良维新思潮虽然体现了越来越明显的新的思想趋向，但并没有产生广泛共鸣，直到甲午战争失败，中国民族危机进一步加重，维新思想借此风云际会而迅速传播，维新变法运动应运而生。

1895年4月15日，《马关条约》将要签订的消息传到北京后，正在北京参加科举考试的广东举人康有为闻知后，立即指示他的学生、广东举人梁启超鼓动各省参加会试的举人上书，拒绝和谈。17日，《马关条约》正式签订，义愤填膺的康有为、梁启超等来不及鼓动各省举人，于22日首先联络广东、湖南两省举人前往都察院，上书吁请拒绝批准和约，呈请代奏。各省举子们闻讯忧愤难抑，先是福建、江西、四川、贵州等省举人先后上书响应，继而直隶、山东、山西、河南、云南等省举人也纷纷上书，反对讲和。连日来，纷纷前往都察院上书请愿的举子们络绎不绝，都察院门外"衣冠塞途"，都察院官员的车辆也被围阻，台湾举人更是垂泪请命。京城朝野莫不为举子的义举而感动。康有为感到士气可用，便同梁启超一起，邀请18个省1200余位举人联合行动。在学生梁启超、麦孟华的协助下，康有为一天两夜起草了上皇帝的万言书（《上清帝第二书》）。5月2日，康有为率各省举人浩浩荡荡，将万言书递交都察院，这就是震惊朝野的"公车上书"。①上书系统提出拒和、迁都、变法、练兵的政治主张。即希望光绪帝"下诏鼓天下之气，迁

---

① 因孙毓汶派人恐吓，最后签名上书的各省举人共603人，而非原来的1200余人。

都定天下之本，练兵强天下之势，变法成天下之治"①。上书虽然因都察院拒不上递而没有到光绪皇帝手中，但由于上书内容表达了社会各阶层民众的共同心声，在京城内外被反复传抄，在全国范围内不胫而走，产生了广泛的影响。参加上书活动的各省举人回省后，进一步宣传拒和、变法等主张，一时间，全国人心思变，积极探寻救亡图存的新出路，开始掀起了一股变法维新的思想洪流。"公车上书"标志着维新派的政治改革活动正式拉开了序幕。

严复（1854—1921），原名宗光，字又陵、幾道。1866年进入福州船政学堂学习海军，5年后以最优等成绩毕业。1877年，在英国，除正常的海军学习外，严复还怀着强烈的兴趣探寻英国富强的原因，不但深入英国社会进行实地考察，而且广泛涉猎了近代西方资本主义的社会政治学说，并多次与早期思想家、驻英公使郭嵩焘探讨中西政治制度的区别，思索中弱西强的原因所在，为日后的启蒙、变法思想打下了坚实的基础。毕业于英国格林威治皇家海军学院后，回国任福州船政学堂教习。1880年，调往天津，任北洋水师学堂正教习，后升任总办，执教北洋水师学堂达20余年，为中国早期的海军建设作出了一定的贡献。在科举盛行的时代，留学海军的严复还只是边缘人物，回国后的严复，曾一度热心科举考试，试图跻身正统士大夫之列，但屡试不第，严复心情沉闷、悲愤异常。

出身福建侯官一个贫寒家庭的严复，曾被船政学堂派往英国留学，是中国首批海军留学生之一。中日甲午一战，北洋海军全军覆没，阵亡的诸多海军将官不是他的同学，就是他的学生。面对亡国灭种的危险，严复心中蛰伏已久的强烈的社会改革意识勃然而发，"以为今日之事，正坐平日学问之非，与士大夫心术之坏，决致力言论译述以警世"②。他从"物竞天择，适者生存"的社会达尔文主义出发，直言中国要自强，必须从封建专制中解放出

---

① 沈茂骏主编：《康南海政史文选》，中山大学出版社1988年版，第108页。

② 萧一山：《清代通史》（四），中华书局1986年版，第2021页。

来，给人民以权利，充分发挥人民的智慧和力量。他说："今日要政，统于三端，一曰鼓民力，二曰开民智，三曰新民德。夫为一弱于群强之间，政之所施，固常有标本缓急之可论。唯是使三者诚进，则其治标而标立，三者不进，则其标虽治，终亦无功。"①

出身广东南海官僚家庭的康有为，曾于1879年到香港游历，深感"西人宫室之环丽，道路之整洁，巡捕之严密"，意识到西人治国自有法度，开始研读《海国图志》等书，在逐渐了解世界大势的同时，萌发了学习西方的意愿。1891年，康有为撰就《新学伪经考》，指出东汉以来一直备受尊崇的古文经书如《左传》《逸书》《毛诗》等皆为湮灭了孔子微言大义的"伪经"，守旧派恪守的祖训、传统理论依据因此轰然倒塌；随后，他通过《孔子改制考》，指明儒家的"六经"中宣扬的尧、舜、禹、汤、文、武等古圣先王，都是孔子为改制而假托的，力求通过树立孔子改革变法家的形象，为自己的维新变法铺平道路。

生于广东新会县传统耕读之家的梁启超，于1890年参加北京的会试回家途经上海时，购得《瀛环志略》，眼界为之一开，对西学、时政产生了浓厚的兴趣，师从康有为，开始了他人生中最重要的一次转折。1896年，梁启超前往上海就任《时务报》的主笔。在此期间，他以半文半白通俗文字撰就的《变法通议》一文，分43期在《时务报》上连载，人们竞相传阅，一时洛阳纸贵。文章强调，变乃天下公理，现在是变也要变，不变也要变。如主动变法，变的权利在自己手上，还可以保国、保种、保教，否则，被外人所束缚就难以想象了。文章提出："变法之本，在育人才，人才之兴，在开学校，学校之立，在变科举，而一切要其大成，在变官制。"②并提出变科举、办学堂、设学会等系列具体主张。

---

① 严复：《原强》，《严复集》第一集，中华书局1986年版，第9—15页。

② 张品兴主编：《梁启超全集》（第一卷），北京出版社1999年版，第15页。

生于湖南浏阳官宦家庭的谭嗣同，随父亲官职的调动以及自身参加科举考试的需要，足迹遍及南北10余省。在辗转南北的流动生活中，与一批熟悉西学的中外人士交游，对西学新知有较多的认识，逐步萌发了变法思想。1896年，谭嗣同北游进京，结识梁启超。两人一见如故，共同探讨变法理论。次年，谭嗣同回到湖南参与维新运动，写就《仁学》一书。《仁学》5万余字，从"仁为天地万物之源"出发，对封建专制、传统名教进行了猛烈的批判，指斥"二千年来之政，秦政也，皆大盗也"，号召国民冲决一切网罗，摆脱束缚，"冲决利禄之网罗，冲决俗学若考据若辞章之网罗，冲决全球群学群教之网罗，冲决君主之网罗，冲决伦常之网罗，冲决天下之网罗"。

1898年6月11日，光绪皇帝采纳维新派的建议，颁布"明定国是"诏书，宣布变法。综观变法各要项，经济、军事和文化方面基本上延续了洋务派的改革思路，政治变革也没有涉及立宪政体。为避免过度刺激旧势力，并考虑到召集国会和设议院有一个过程，变法期间康有为没有重提"兴民权、设议院、立宪法"的主张，光绪帝的变法诏书中也回避了这一敏感问题，但变法还是为守旧势力所不容。1898年9月21日，慈禧太后发动政变，宣布重新"训政"，将光绪帝囚禁于中南海瀛台，并下令逮捕维新人士，变法失败。

在深重的民族危机中，孙中山最初也将救国救民的希望寄托在改良社会上。1894年6月，他上书直隶总督李鸿章，提出实行资本主义改革的系列建议，但李鸿章对此未予理会。对清政府深感失望的孙中山由此放弃和平改革的幻想，走上了以革命救国救民的道路。1894年冬，孙中山在檀香山成立兴中会，明确"集会众以兴中，协贤豪以攻济，抒（同'纾'）此时艰，奠我中夏"[①]的宗旨。次年2月，孙中山在香港成立兴中会总部，确定"驱除鞑虏，恢复中华，创立合众政府"的誓词。1905年8月20日，中国同盟会在东京成立，确立了"驱除鞑虏，恢复中华，建立民国，平均地权"的革命纲

---

① 《孙中山全集》第一卷，中华书局1982年版，第19页。

领。同年11月，孙中山在同盟会机关刊物《民报》发刊词中，将此纲领概括为民族主义、民权主义、民生主义，形成了三民主义思想体系。民族主义包括"驱除鞑虏，恢复中华"两项内容，即推翻清王朝统治，变半殖民地半封建的中国为民族独立的中国；民权主义的内容是号召推翻封建专制主义的统治，建立资产阶级的民主共和国；民生主义的具体内容为"平均地权"，即现有之地价，仍属原主所有，其革命后社会改良进步之增价，则归于国家，为国民所共享。①

以三民主义思想为指导，中国同盟会先后组织领导了十几次武装起义。1911年10月10日，武昌起义爆发，在不到50天时间里，15个省宣布起义或独立。1912年1月1日，中华民国临时政府在南京成立，孙中山被推举为临时大总统，宣告了辛亥革命的胜利。

南京临时政府成立后，以长江为界，形成了南北军事对峙的局面。率军镇压革命军的袁世凯，对南方革命军采用战与和两手并用、左右开弓的手段，一面派人去和军政府谈判议和，一面又向革命军发动进攻，以武力威胁革命党人。革命党人答应，只要袁世凯逼清帝退位、宣布拥护共和，就可以推举他为临时大总统。1912年2月12日，清宣统帝宣布退位。同一天，袁世凯致电南方革命党人，表示拥护共和。2月13日，孙中山向南京参议院辞职，并推荐袁世凯继任。2月15日，临时参议院举行临时大总统选举会，袁世凯以全票（17个省17票）当选。3月10日，袁世凯在北京就任临时大总统，4月1日孙中山正式卸去临时大总统的职务，4月5日南京参议院决定迁都北京。从此，辛亥革命的胜利果实落入以袁世凯为首的北洋军阀手中，历史进入了北洋军阀的黑暗统治时期。

面对残酷现实而猛醒的孙中山先后进行了"二次革命"、护国运动和护法运动等重大斗争，结果完全落空。他怀着痛苦的心情回顾历史说："夫去一满

---

① 《军政府宣言》，《孙中山选集》（上册），人民出版社1981年版，第78页。

洲之专制，转生出无数强暴之专制，其为毒之烈，较前尤甚。于是民愈不聊生矣！夫吾党革命之初心，本以救国救种为志，欲出斯民于水火之中，而登之衽席之上也，今乃反令之陷水益深，蹈火益热，与革命初衷大相违背……午夜思维，不胜痛心疾首！"①毛泽东在论述辛亥革命的成败时指出："辛亥革命有它胜利的地方，也有它失败的地方，你们看，辛亥革命把皇帝赶跑，这不是胜利了吗？说它失败，是说辛亥革命只把一个皇帝赶跑了，中国仍旧在帝国主义、封建主义的压迫之下，反帝反封建的革命任务并没有完成。"

辛亥革命失败的原因是复杂的。从指导思想的层面看，三民主义这一思想旗帜，在当时的社会历史条件下，确实是"一个比较完整的资产阶级民主主义革命的纲领"②，在它的引领下，辛亥革命一度取得了胜利，在共和体制下中国的经济社会发展也初步显示出新的气象。但是，三民主义又是一个不彻底的革命纲领，自身具有明显的时代、阶级和个人认识水平等方面的局限性。它主张民族主义，但没有明确提出反帝的口号；它主张民权主义，但又不敢依靠广大工农群众；它主张民生主义，但又不敢发动广大贫苦农民，通过自下而上的斗争，废除封建土地制度；它提出"举政治革命、社会革命毕其功于一役"，带有明显的主观空想性。正如毛泽东所指出的："中国的民族资产阶级，即使在革命时，也不愿意同帝国主义完全分裂，并且他们同农村中的地租剥削有密切联系，因此，他们就不愿和不能彻底推翻帝国主义，更加不愿和更加不能彻底推翻封建势力。"③缺乏科学理论的指导，受时代和阶级所局限，这就是以"三民主义"为理论支撑的资本主义制度现代化夭折的深层根源。

以陈独秀、李大钊为代表的中国先进知识分子，从辛亥革命后的政治乱象中认识到：中国人学习西方，过于注重形式上的模仿，未触及西方文明的

①《孙中山选集》，人民出版社1981年版，第116—117页。

②《中国近代史》（第三次修订本），中华书局1983年版，第368—369页。

③《毛泽东选集》第二卷，人民出版社1991年版，第673页。

根本。改革政治，必先改造社会，而改造社会必须首先转变人们的思想观念，清除违背时代潮流的旧观念、旧信仰，确立符合时代精神的新思想、新观念。以1915年9月《青年杂志》（1916年9月更名为《新青年》）的创刊为标志，陈独秀等发起了一场以启发民智、倡导民主思想与科学精神、改造中国传统文化为主要内容的新文化运动，目的是用西方的平等自由思想和现代公民意识，替换儒家伦理纲常和封建等级观念，再造中国文明。

新文化运动一开始就亮出"民主""科学"的大旗。陈独秀在《青年杂志》创刊号上发表《敬告青年》一文，以新陈代谢、适者生存的进化观，号召中国青年从消极、保守、退缩、闭塞的旧思想中解放出来，按照"自主的而非奴隶的""进步的而非保守的""进取的而非退隐的""世界的而非锁国的""实利的而非虚文的""科学的而非想象的"六项要求，"自觉而奋斗"，成就新社会，建设新国家。文章强调，近代欧洲的强盛，一是尊重人权，二是崇尚科学，所以中国"欲脱蒙昧时代"，"当以科学与人权并重"。"人权"的提法后来被"民主"所取代，"科学"之说及其内涵没有改变。此处之"科学"，是指独立思考判断的理性精神和合乎逻辑的思维方式；按陈独秀的说法，就是摒弃无常识的思想和无理由的信仰，"以科学说明真理，事事求诸证实"。

新文化运动所提倡的"民主"有两层含义：一是以西方宪政体制为参照的民主政治，二是构成民主政治思想基础的民主意识、民主观念和民主自觉。陈独秀在《吾人最后之觉悟》一文中指出，民主共和政体的确立，端赖多数国民在政治与伦理上的觉悟。伦理的觉悟，即"以独立平等自由为原则"，自觉地挣脱伦理纲常的束缚，破除封建等级观念；如果既行民主共和政体，仍遵旧伦理和封建特权，则"法律上权利平等、经济上独立生产之原则，破坏无余"。政治的觉悟，首先要有现代民主意识，视"国家为人民公产"；其次是形成现代民主观念，顺应世界潮流，"弃数千年相传之官僚的专制的个人政治，而易以自由的自治的国民政治"；三是养成民主自觉，对国家政治"自居于主人的主动的地位","自进而建设政府，自立法度而自服从之，自定权利而自尊重之"。①

1916年秋康有为发出定儒学为国教的倡议后，新文化运动的重点转向批判孔教。陈独秀在《宪法与孔教》《孔子之道与现代生活》等文章中强调，尊孔和定儒学为国教，违背了思想和信仰自由的原则。孔教"别尊卑明贵贱"的社会功能，与以平等人权为基础的现代政治精神水火不容；建设现代国家和社会，就要对孔教"不可不有彻底之觉悟"②。李大钊也发表了《宪法与思想自由》《孔子与宪法》《自然的伦理观与孔子》系列文章，进一步指出，反孔并不是抨击孔子本人，而是反对历代帝王所塑造的偶像权威。孔子被历代"专制君主们所利用资为护符"，已成为"保护君主政治之偶像"，所以反孔的实质就是要打破"专制政治之灵魂"。③以反孔言论激烈而名噪一时的吴虞，主张从破除家族专制开始，清除专制主义的根基；认为"儒教不革命，中国即无新思想、新学术、新国民"④。

虽然新文化运动是一场以祛蒙昧、开民智为目标的思想启蒙运动，但它自开始便带有明确的救亡取向。新文化运动反孔教，对封建伦理道德、等级观念的批判，都是为了清理专制主义，打破迷信盲从，培养民主思想和科学精神；而新文化运动弘扬民主与科学的根本目的，在于建立现代民主国家，实现民族复兴。陈独秀指出：中国之所以沦落到任人宰割的地步，就是因为长期受专制主义和儒家思想的贻害，丧失了强梁敢进的精神与抵抗力。⑤中华民族要立于竞争生存的新世界，一方面"遵新陈代谢之道"，"力排陈腐朽败者"，建设有生机活力的现代社会；另一方面在多数国民实现伦理与政治自觉

---

① 陈独秀：《吾人最后之觉悟》，《青年杂志》第一卷第六号，1916年2月。

② 陈独秀：《宪法与孔教》，《新青年》第二卷第三号，1916年11月。

③ 李大钊：《自然的伦理观与孔子》，《李大钊文集》（上），人民出版社1984年版，第263—264页。

④ 吴虞：《家族制度为专制主义之根据论》，《新青年》第二卷第六号，1917年2月。

⑤ 陈独秀：《抵抗力》，《青年杂志》第一卷第三号，1915年11月。

的基础上，建立真正的国民政治和立宪政体。在这个意义上，新文化运动兼具启蒙与救亡的性质，此亦其不久就转向政治革命并最终汇入五四运动洪流的一个关键性因素。

为适应新思想的传播及文化重建的需要，陈独秀和胡适发起了一场从形式到内容的文学革命。在发挥陈独秀文学写实思想的基础上，胡适提出"文学改良"的口号，提倡白话文和对文学的全面改造，主张在形式上"不用典""不用陈套语""不避俗字俗语""须讲求文法之结构"；内容上"不摹仿古人""不作无病之呻吟"，须"言之有物"。[①]随后陈独秀又提出"文学革命"的口号，将文学改良提升到思想革新的高度。他指出，由于缺乏文学领域的革命，"盘踞吾人精神界根深蒂固之伦理、道德、文学、艺术诸端，莫不黑幕层张，垢污深积"，所以"欲革新政治，势不得不革新盘踞于运用此政治者精神界之文学"。他力主"推倒雕琢的、阿谀的贵族文学，建设平易的、抒情的国民文学"，"推倒陈腐的、铺张的古典文学，建设新鲜的、立诚的写实文学"，"推倒迂晦的、艰涩的山林文学，建设明了的、通俗的社会文学"。[②]文学革命引起广泛社会反响，《新青年》销量激增，青年学生争先购阅传颂。文学革命的成果也很快为北京政府所接受，1920年国文教科书改用白话文。

新文化运动高举民主科学大旗，反对封建专制与迷信盲从，切中时弊，振聋发聩，获得了人们广泛的赞同，在社会上掀起了一股思想解放的潮流。但是，由于缺少科学的批判精神，新文化运动在对待传统与现代、中国与西方问题上，存在绝对、片面的形式主义方法。如旧学功底深厚的中国文字、音韵学家钱玄同高度赞许持论激进的吴稚晖和陈独秀，认为他们"将东方化连根拔去，将西方化全盘采用"，在这点上，"觉得他俩最可佩服"。[③]主张

---

① 胡适：《文学改良刍议》，《新青年》第二卷第五号，1917年1月。

② 陈独秀：《文学革命论》，《新青年》第二卷第六号，1917年2月。

③ 钱玄同：《致周作人》，《钱玄同文集》第六卷，中国人民大学出版社2000年版，第64—65页。

"必以废孔学、灭道教为根本之解决，而废记载孔门学说及道教妖言之汉文，尤为根本解决之根本解决"①。梁漱溟将这一西化现象和过程形容为："东方化对于西方化步步的退让，西方化对于东方化的节节斩伐！到了最后的问题是已将枝叶去掉，要向咽喉去着刀！而将中国化根本打倒。"②显然，提倡资产阶级民主主义，并不能为人们提供一种有效的思想武器去认识中国，少数人的呐喊固然铿锵有力，但难以形成广泛的社会运动。在屡次碰壁之后，新文化运动倡导者在思想观念上出现了分歧：李大钊、陈独秀等左翼人士对资产阶级民主主义产生怀疑，在继承其科学和民主的精神基础上探寻挽救危亡的新出路，为接受马克思主义准备了合宜的土壤；胡适等右翼人士则沿着资产阶级的道路继续走下去。

二、推陈比较之后的信仰确立

在新文化运动面向西方文化求索出路之时，西方世界正在经历着翻天覆地的巨变。第一次世界大战的爆发，使中国的知识界看到了资本主义自身难以克服的痼疾；而十月革命的爆发，令中国的先进分子看到了民族复兴的新希望。

第一次世界大战历时四年，牵连国家甚广，造成了空前的人类劫难，暴露了西方资本主义的内在弊端，使整个西方世界陷入"世纪末"的颓废与悲凉之中。此时，德国历史学家斯宾格勒在《西方的没落》一书中指出，每种文化都像一个有机体，都会经历由盛而衰的嬗变，一战无疑就是西方文化走向衰落的标志。"西方没落"论"一时风行之盛，势力之伟，其在战后之德国，盖与安斯坦（即爱因斯坦）氏相对论并称"③。对于把中国之前途寄希望

---

① 钱玄同：《中国今后之文字问题》，《新青年》第四卷第四号，1918年4月。

② 梁漱溟：《东西文化及其哲学》，商务印书馆1999年版，第15页。

③ 李思纯：《论文化》，《学衡》第二十二期，1923年10月。

于西方文明的中国人来说，西方的没落无疑是当头一棒。李大钊就此指出："此次战争使欧洲之文明之权威大生疑念，欧人自己亦对其文明之真价，不得不加以反省。"①许多中国人，特别是放眼看世界的中国人，看到了"法兰西"式的文明并不适合中国，"不再相信十八世纪法国式革命能够挽救中国"②，转而对资本主义文明深感失望、惶恐甚至愤慨，资本主义文明已经破产的观念开始盛行，由此"晚清以降学习西方现代化运动陷入了范式危机"③，中国知识分子不得不重新思索与审视我们到底需要"什么样的西方"这一问题。

同时，洋务运动、戊戌变法、辛亥革命等学习西方的尝试与努力一次又一次失败，民族复兴大业屡屡受挫的现实，促使更多的中国先进分子对走西方道路产生了怀疑。毛泽东在回首这一情景时深刻指出："国家的情况一天一天坏，环境迫使人们活不下去。怀疑产生了，增长了，发展了。"④这种痛苦的经历，对中国的先进分子来说是一件好事，旧的路走不通了就会寻找新的出路。李大钊敏感地意识到，"东洋文明衰颓于静止之中，而西洋文明又疲命于物质之下"，"世界非有第三种文明崛起，不足于渡世危崖"⑤。

就在中国先进分子苦苦探求中国出路之时，1917年俄历十月二十五日，在封建压迫严重、经济文化落后的俄国，在布尔什维克党领导下，俄国工人阶级联合贫农实现了伟大的社会主义革命，推翻了资产阶级临时政府，建立了苏维埃政权。十月革命的胜利，对中国先进分子产生了特殊的吸引力和亲和力，使陷于苦闷彷徨的中国先进分子看到了民族解放的新希望。这是因为俄国的封建压迫、经济文化状况与中国大体相同，十月革命的胜利证明，物

---

① 李大钊：《中西文明根本之异点》，《言治》季刊第三册，1918年7月1日。

② 张允侯等编：《五四时期的社团》第一册，生活·读书·新知三联书店1979年版，第552—553页。

③ 许纪霖等：《中国现代化史》第一卷，上海三联书店1995年版，第351页。

④ 《毛泽东选集》第四卷，人民出版社1991年版，第1470页。

⑤ 《李大钊文集》（上），人民出版社1984年版，第560页。

质文明落后并不妨碍社会主义的进行，落后国家也可以在社会主义思想的指引下走向解放之路。中国的先进分子由此认识到，不仅发达的资本主义国家，就是经济文化发展落后的国家，只要无产阶级和其他劳动群体觉醒和组织起来，完全可以依靠自己的力量创造出崭新的社会制度。正如毛泽东所说："十月革命一声炮响，给我们送来了马克思列宁主义。十月革命帮助了全世界的也帮助了中国的先进分子，用无产阶级的宇宙观作为观察国家命运的工具，重新考虑自己的问题。走俄国人的路——这就是结论。"①

早在19世纪末，马克思主义便进入中国。19世纪70年代，香港的《华字日报》《中外新报》等报纸报道了巴黎公社的有关情况，社会主义思想由此开始传入中国。1899年2—5月，上海广学会主办的《万国公报》连载了由英国传教士李提摩太节译的《大同学》，马克思和恩格斯的名字首次见诸中文报纸。20世纪开端，中国留日学生在译介马克思主义方面作用突出，翻译出版了《社会主义神髓》《社会主义》等有关社会主义著作；维新派的《新民丛报》和同盟会的《民报》也多次介绍马克思主义。1905年11月，《民报》登载了署名"蛰伸"（即朱执信）的文章《德意志社会革命家小传》，其中"马尔克"（马克思）一节，比较详细地介绍了马克思、恩格斯的生平事迹，及《共产党宣言》的基本内容，并节译了《宣言》中的十大纲领，评述了马克思的剩余价值和资本积累学说。民国初年，社会主义宣传在中国掀起热潮。上海《东方杂志》、中国社会党绍兴支部机关刊物《新世界》等杂志连续介绍社会主义学说。孙中山等革命党人积极鼓吹社会主义，设想应分为"国家社会主义"和"大同"两个阶段。1911年江亢虎组建中国社会党，自诩是中国唯一奉行社会主义的政党。

然而，在相当长的时间里，马克思主义主要是作为西方各种思潮中的一种来介绍的，直到十月革命胜利的消息传来，这一状况才开始发生改变。西

---

① 《毛泽东选集》第四卷，人民出版社1991年版，第1471页。

方资本主义国家弊端的暴露和俄国十月革命的胜利，引发了新文化运动中西方自由主义启蒙思想与马克思主义启蒙思想的冲突与交替。1918年7月15日，陈独秀发表了《今日中国之政治问题》，提出如下政治改革的主张：一是排斥武力政治，各派武力只能对外、不准对内；二是抛弃一党势力统一国家的思想，由各党派平分政权，允许反对党执政；三是采用共和政体后，就要有尊重民权、法治和平等的精神。[①]这篇文章首次谈了"政治"，打破了《新青年》同人间"不议时政"的默契。1918年下半年，当俄国布尔什维克尚处于抵抗帝国主义武装干涉和国内白匪叛乱的困境之际，李大钊就相继发表了《法俄革命之比较观》《庶民的胜利》《Bolshevism的胜利》等文，用马克思主义的观点讴歌十月革命。他说，"俄罗斯之革命是二十世纪初期之革命，是立于社会主义上之革命，是社会的革命并著世界的革命之彩色者也"，"俄罗斯之革命，非独俄罗斯人心变动之显兆，实二十世纪全世界人类普遍心里变动之显兆"，"二十世纪初叶以后之文明必将起绝大之变动，其萌芽即苗发于今日俄国革命之血潮之中"[②]；并认为"试看将来的环球，必是赤旗的世界！"李大钊公开表示："自今以后，到处所见的，都是Bolshevism战胜的旗，到处所闻的，都是Bolshevism的凯歌的声"，"试看将来的环球，必是赤旗的世界"。他明确主张："吾人对于俄罗斯今日之事变，唯有翘首以迎其世界的新文明之曙光，倾耳以迎其建于自由、人道上之新俄罗斯之消息，而求所以适应此世界的新潮流，勿徒以其目前一时之乱象遂遽为之抱悲观也。"[③]同年底，中国一批知识分子开始注意到"现在有一股浩浩荡荡的世界新潮起于东欧"。值此风云际会，陈独秀和李大钊创办《每周评论》，专门点评时事，对外反对列强欺凌弱国与操控巴黎和会；对内反对军阀干政，将军阀、官僚、政客称之为中国"三害"；强调对于除"三害"，社会中坚分子要挺身而出，

---

① 陈独秀：《今日中国之政治问题》，《新青年》第五卷第一号，1918年7月。

② 《法俄革命之比较观》，《李大钊文集》（上），人民出版社1984年版，第572—575页。

③ 李大钊：《Bolshevism的胜利》，《新青年》第五卷第五号，1918年11月15日。

组织政党，推翻勾结日本势力的卖国政权。①《每周评论》的主要论点成为五四运动的先声，其影响力一时超过《新青年》。进入1919年，在《新青年》第六卷和第七卷中已经出现了"新村"思想、胡适的谈"实验主义"、李大钊开辟的"马克思研究"专栏、互助思潮、无政府主义等交相发表的局面。

进入1919年，国人翘首以待的巴黎和会以中国外交耻辱失败而告终，撕碎了西方资本主义最后一块遮羞布，也打碎了中国先进分子对西方文明的最后希望。1919年5月4日，一场以青年学生为主，广大群众、市民、工商人士等中下阶层共同参与的，通过示威游行、请愿、罢工、暴力对抗政府等多种形式进行的爱国运动爆发，马克思主义在中国的传播进入新的阶段。

伴随着五四运动的爆发，众多报纸杂志纷纷发表文章介绍和宣传马克思主义。1919年5月，《新青年》出版了马克思主义研究专号。此后，《新青年》不断发表介绍马克思主义、社会主义革命和中国工人状况的文章，逐步成为一个宣传马克思主义的重镇。《每周评论》在"五四"以后，也不断刊登介绍十月革命和苏俄情况的文章。《晨报》副刊从1919年5月起，开辟了半年时间的马克思研究专栏，连续刊登了许多宣传马克思主义的论著及有关社会主义的文章。《国民》杂志从1919年10月以后开始登载《共产党宣言》等马克思主义著作和宣传介绍社会主义的文章。上海《民国日报》副刊《觉悟》也宣传马克思主义。与此同时，马克思主义的经典著作和介绍马克思主义的书籍，也在中国陆续出版。

进入1920年，马克思主义在中国的传播愈加广泛深入。4月，陈望道翻译的《共产党宣言》在上海出版。接着，《社会主义从空想到科学的发展》《国家与革命》等著作也翻译出版。5月1日，《新青年》第七卷第六号开辟"五一"劳动者专号，陈独秀和李大钊发表了大量介绍马克思主义及其工人运动的文章。以此为分水岭，《新青年》杂志主要发表介绍马克思主义理论的译

---

① 陈独秀：《除三害》，《每周评论》第五号，1919年1月19日。

作和讨论社会主义的文章。不久，陈独秀将《新青年》编辑部迁到上海，并成为中国上海共产主义小组的机关刊物。胡适等自由主义知识分子则创办了《努力周报》，继续宣传他们的资本主义思想以及和平改良主张。

马克思主义研究社团的纷纷建立，进一步推动了马克思主义在中国的传播。

在汲取五四启蒙理念的基础上，李大钊等早期的马克思主义者注意到，中国是一个以农立国的国家，农民在国民总数中占绝对的多数，中国的改造离不开广大民众的积极参与。"要想把现代的新文明，从根底输入到社会里面，非把知识阶级与劳工阶级打成一气不可"[1]。因而，李大钊号召中国青年应该学习俄罗斯青年在俄罗斯农村宣传运动中的精神，认识到中国以农立国的具体国情，开发农村的事，解放以农民为主体的劳工阶级。要知道"他们若是不解放，就是我们国民全体不解放；他们的苦痛，就是我们国民全体的苦痛；他们的愚暗，就是我们国民全体的愚暗；他们生活的利弊，就是我们政治全体的利弊。去开发他们，使他们知道要求解放、陈说苦痛、脱去愚暗、自己打算自己生活的利弊的人，除去我们几个青年，举国昏昏，还有那个？"[2]明确了新时代青年人的责任，揭开了马克思主义与中国人民实际生活相结合的序幕。

在李大钊等人的带动下，不仅成立了以学习和研究马克思主义为宗旨的"北京大学马克思主义研究会"，由单纯地反对封建传统转向了学习马克思主义思想，从而进行实际的社会革命，而且对工农群众的马克思主义理论宣传的形式也逐渐丰富。1919年北京大学"平民教育讲演团"的成立为"增进平民智识、唤起平民之自觉心"[3]开创了新的启蒙途径和平台。该演讲团以教育普及与平等为目的，以露天讲演为方法，注重平民主义之实施，"力图把新知

---

① 李大钊：《青年与农村》，《李大钊全集》第二卷，人民出版社2013年版，第304页。

② 李大钊：《青年与农村》，《李大钊全集》第二卷，人民出版社2013年版，第304—305页。

③ 《北京大学平民演讲团征集团员启事》，《邓中夏全集》（上），人民出版社2014年版，第53页。

识分子的语文和思想传递给辜鸿铭一派文士以为可教育、没有思想和沉默无辜的'苦力、马夫、司机、店员'等"①，突破了五四运动时期的启蒙传播范围的局限。同时讲演的内容也由最初的以普及文化教育、反对封建迷信而启发国民基本的自我意识觉醒为主，逐渐转变为讲解时事问题，以马克思主义的唯物史观和阶级斗争学说启发工人阶级的觉悟。加入工人俱乐部的人员日益增多，"取得群众很大的信仰"②，展现了以"平民教育讲演团"为代表的早期马克思主义传播活动的启蒙价值。除此之外，新青年还进行了深入的社会调查，了解工人阶级的劳动生活状况。1920年1月18日，北京一些革命知识分子到洋车工人住宅区调查，这里"平均计算起来，每家总在四口之上。吃的大概是舍粥。职业呢，壮而有力者拉洋车，老弱妇女捡旧纸或卖糖和小玩意。或乞丐，拉洋车的居8/10"③。而这时的北京已是"汽车飞跑"。真实的社会调查使新一代青年深入了解了工农群众的困境，看清了当时的社会现状，虽然这时他们还缺乏马克思主义的分析，但都在直观的视觉冲击和心理体验中同情工人阶级的立场，并为了工人阶级的利益而积极奔走相告。自1919年5月1日，《晨报》首次刊发了"劳动节"纪念号后，"五一"劳动者的纪念日渐渐为人们知晓，并在先进知识分子的努力和工农群众不断的觉醒中，从"几家报馆的纪念日"变成"劳工社会的纪念日"，从"三五文人的运动"转为"劳工阶级的运动"。④五四时期的知识分子在接受马克思主义理论后，注重学习和研究马克思主义，并通过形式多样的活动将马克思主义与中国工人运动相结合的结果，在活动中启蒙工农群众，同时加深对马克思主义的理解，并将理论与中国现实问题相结合推动着中国革命新阶段的到来。

---

① ［美］舒衡哲著：《中国启蒙运动：知识分子与五四遗产》，刘京建译，新星出版社2007年版，第100页。

② 《邓中夏全集》（下），人民出版社2014年版，第1359页。

③ 刘明逵、唐玉良主编：《中国近代工人阶级和工人运动》第3册，中共中央党校出版社2002年版，第732页。

④ 陈独秀：《"五一"（May Day）运动史》，《新青年》第七卷第六号，1920年5月。

新文化运动的旗手陈独秀，在第一次世界大战爆发、俄国十月革命和五四运动的多重冲击下，思想也发生了质的转变，由信奉资产阶级民主主义转向马克思主义和列宁主义学说。1919年，陈独秀相继发表了《二十世纪俄罗斯的革命》《立宪政治与政党》《吃饭问题》等文章，告诫人们不要迷信资产阶级的所谓"立宪政治"，而应把关注劳苦人民的生计问题看作"二十世纪劈头第一个大问题"。1920年9月，陈独秀在复刊的《新青年》第八卷第一号上发表《谈政治》一文，指出："我承认用革命的手段建设劳动阶级（即生产阶级）的国家，创造那禁止对内对外一切掠夺的政治法律，为现代社会的第一需要。"在这期《新青年》杂志上，还开辟了专门介绍俄国革命的"俄罗斯研究"专栏，同时，"封面上有一小小图案，是一东一西，两只大手，在地球上紧紧相握……暗示中国革命人民与十月革命后的苏维埃俄罗斯必须紧紧团结，也暗示全世界无产阶级团结起来的意思"[1]。这表明陈独秀已彻底转变为一个马克思主义者。1920年6月陈独秀、李汉俊、俞秀松等人在上海成立了中国第一个早期共产党组织，《新青年》成为机关刊物，并创办《共产党》月刊，公开宣传马克思主义。此后，北京、武汉、湖南、山东、广东等地的共产主义小组纷纷成立，且大都创办了自己的刊物，诸如北京的《劳动音》，武汉的《武汉星期评论》，济南的《励新》半月刊、《济南劳动》周刊，广州的《劳动与妇女》周刊，等等[2]，在更大规模和更深的层次上宣传马克思主义。各地的共产主义小组通过建立马克思主义研究会、出版刊物、组织社会主义青年团、创办工人学校等形式，加强对工人阶级的马克思主义的宣传，提高工人阶级的文化水平和阶级意识，与各种非马克思主义、反马克思主义开展辩论斗争，进一步促进马克思主义的传播以及其与中国工人运动的内在结合。

---

[1] 茅盾著：《我走过的道路》（上），人民文学出版社1997年版，第191页。

[2] 李景田主编：《中国共产党历史大辞典：新民主主义革命时期（1921—2011）》，中共中央党校出版社2011年版，第58—60页。

受陈独秀、李大钊的影响和新时代、新思潮的洗礼，以蔡和森、毛泽东为代表的一批青年学生，迅速成为马克思列宁主义的坚定信仰者。对于列宁学说，蔡和森一见如故，欣然接受。1918年7月21日，在北京为留法勤工俭学奔走的蔡和森致信毛泽东，表示"近来俄之列宁颇能行之，弟愿则而效之"①。1919年12月，蔡和森带着对马克思主义和俄国革命的憧憬踏上留法勤工俭学之路。1920年2月初，蔡和森与萧子昇就效法俄国革命道路一事展开争论。据萧子昇回忆，"他对我说：'俄国人的计划已经齐备，都写在了纸上让我们去读，而且他们自己已经付诸实践。我们为什么还要浪费时间去做别的尝试呢？'"②1920年7月5日至10日，在法国的新民学会会员于蒙达日开会，针对"改造中国与世界"的方法，蔡和森"主张组织共产党，使无产阶级专政，其主旨与方法多倾向于现在之俄"。在如何组建中国共产党问题上，蔡和森也是按照俄国的经验来构想的。他在1920年8月13日写给毛泽东的信中说："我意中国于二年内须成立一主义明确，方法得当和俄一致的党，这事关系不小，望你注意。"③经过进一步思考，在9月16日写给毛泽东的信中，明确提出"非组织与俄一致的（原理方法都一致）共产党，则民众运动、劳动运动、改造运动皆不会有力，不会彻底"，并提出建党的四个具体步骤④。蔡和森所力求建立的中国共产党，是以马克思列宁主义为指导的"主义明确"的党，是注重通过"阶级战争""无产阶级专政"实现理想的"方法得当"的党，是"原理方法"都"与俄一致"的党。毛泽东在对各种思想学说推陈比较、躬身实践后，最终确立了马克思主义信仰，决心走俄国的道路。1920年12月1日，毛泽东写信给蔡和森、萧子昇及其他在法会友，表示："我看俄国式的革命，是无可如何的山穷水尽诸路皆走不通了的一个变

---

① 《蔡林彬给毛泽东》（1918年7月21日），《蔡和森文集》（上），人民出版社2013年版，第8—9页。

② 萧瑜：《我和毛泽东的一段曲折经历》，昆仑出版社1984年版，第152页。

③ 《蔡林彬给毛泽东》（1920年8月13日），《蔡和森文集》（上），人民出版社2013年版，第58页。

④ 《蔡林彬给毛泽东》（1920年9月16日），《蔡和森文集》（上），人民出版社2013年版，第73页。

计。"①在1921年1月21日给蔡和森的信中，毛泽东明确表示"你这一封信见地极当，我没有一个字不赞成"②。

不过，五四爱国运动之后中国社会主义思想的宣传热潮，并没有轻易地把国人引向俄式社会主义。当时在社会主义名号下的新思潮中，既包括马克思主义的科学社会主义，也包括基尔特社会主义、泛劳动主义、新村主义、合作主义、互助主义、无政府主义等各种各样的资产阶级和小资产阶级的思想流派，甚至还有帝国主义时代的反动资产阶级思想也被看作新思潮而流传。起初，讨论社会主义的多数人对各种学说并没有深入的认识，"就像隔着纱窗看晓雾"，对哪种学说有利于中国社会的改造，心中都还没有数，更谈不上信仰。"在五四运动前后，马克思的科学社会主义只是以社会主义思潮的一个派别在中国传播的，资产阶级和小资产阶级的反马克思主义的思潮还有相当的市场，其中影响较大的有罗素的温和方法的共产主义、杜威的实用主义、克鲁泡特金的无政府主义以及社会民主主义和国家社会主义等"③。同资产阶级改良主义、无政府主义的论争，进一步推动了马克思主义在中国的广泛传播。

马克思主义与资产阶级改良主义的论争主要有两次，一次为"问题与主义"之争，一次为与基尔特社会主义的论战。

胡适是初期新文化运动的主要代表人物之一。五四运动后，他不愿意看到新文化运动发展成为以宣传马克思主义为主流的运动，遂于1919年7月在《每周评论》上发表了《多研究些问题，少谈些"主义"》一文。他说，"空谈好听的主义是极容易的事，是阿猫阿狗都能做的事，是鹦鹉留声机都能做的事"，但没有什么用处，"是很危险的"。他劝说人们"多提出一些问题，少

① 毛泽东：《毛泽东给萧旭东蔡林彬并在法诸会友》（1920年12月1日），《蔡和森文集》（上），人民出版社2013年版，第63页。

② 毛泽东：《毛泽东给蔡和森》（1921年1月21日），《蔡和森文集》（上），人民出版社2013年版，第77页。

③ 肖浩辉等：《马克思主义中国化的理论与实践》，湖南人民出版社2001年版，第89页。

说一些纸上的'主义'"，认为如果不去研究具体的问题，"都去高谈社会主义"，讲什么"根本解决"，"这是自欺欺人的梦话！这是中国思想界破产的铁证！这是中国社会改良的死刑宣告！"

李大钊对胡适的观点进行了批驳。他指出，问题与主义是不能分离的，一个社会问题的解决，必须先有一个人们所共同趋向的理想的主义作指导，否则，那个社会问题永远没有解决的希望。宣传理想的主义和解决实际的问题，"是交相为用的"，"是并行不悖的"。李大钊还论述了主义必须同具体实际相结合的道理，"大凡一个主义，都有理想与实用两方面"，在运用时"会因时、因所、因事的性质情形生一种适应环境的变化"。

关于中国的社会问题要不要根本解决，李大钊指出，对于中国这样一个没有生机的社会，"必须有一个根本解决，才有把一个一个的具体问题都解决了的希望"。经济问题的解决，是根本解决。经济问题一旦解决，什么政治问题、法律问题、家庭制度问题、女子解放问题、工人解放问题，都可以解决。而要解决经济问题，必须进行阶级斗争，进行暴力革命。

"问题与主义"之争，是马克思主义在中国传播中出现的第一次思想论战，是社会革命论和社会改良主义的论战。在这场论争中，李大钊等马克思主义者根据他们的认识，论证了马克思主义适合中国的需要，阐述了中国社会需要一次彻底革命的必要性。这对于扩大马克思主义的影响，推动人们进一步思考如何改造中国社会起了积极作用。

继"问题与主义"之争后，马克思主义者和张东荪、梁启超等打着社会主义旗号、反对科学社会主义的资产阶级知识分子之间，又发生了一场"社会主义论战"。张东荪、梁启超等人的基本观点是：中国现在还没有条件搞社会主义革命。理由主要是：中国因为受帝国主义的压迫，资本主义经济发展不起来，工人阶级还未真正形成，人数很少，更未产生阶级意识，倒是游民很多，多数人失业、无业，生计成问题。因此，中国目前最迫切的问题是发展经济，解决人们的生计问题，那就要发展资本主义。社会主义是以工人阶级为主体的，没有这个主体，社会主义是搞不成的。社会主义思想、社会主义的党现在也不需要，且等将来才有用。张、梁等人发展资本主义经济的主张是符合当时社会发展要求的。但是，他们没有认识到，在帝国主义和封建主义压迫之下，资本主义经济是发展不起来的，只有通过革命的手段，完成反帝反封建的任务，实现民族独立和人民民主，才能达到振兴实业、国家富强的目标。

陈独秀、李大钊、李达、蔡和森等马克思主义者对张东荪、梁启超等人的观点进行了反驳。他们指出，在帝国主义、官僚、武人、绅士的压迫下，中国人民的确很穷，要使大多数劳动者不饿死、不冻死，根本的解决办法，就是社会主义。中国经济虽然落后，但无产阶级的存在是客观事实；中国无产阶级和农民处境极其悲惨，有强烈的革命要求，革命的爆发是大势所趋。在中国，结合共产主义信仰者，组织巩固的政党，建立共产党，不仅有必要，而且有条件。他们还指出，要解决中国社会问题，单凭一些改良主义的办法是不行的，必须走十月革命的道路。

这场论战持续了一年多时间。从本质上说，这是一次关于中国走社会主义道路还是走资本主义道路、实行社会革命还是实行社会改良以及需要不需要建立无产阶级政党的论争。马克思主义者坚持了社会革命论，指出了中国发展方向应该是社会主义，批判了"基尔特社会主义"，澄清了它同科学社会主义的区别。这就为马克思主义的进一步传播、为中国共产党的成立扫除了一些障碍，帮助一大批进步青年走上信仰马克思主义的道路。

无政府主义是一种小资产阶级政治思潮，它以极端个人主义和主观唯心主义为基础，反对一切国家，反对一切政治和权威，宣扬个人万能、个人奋斗，鼓吹绝对自由。五四时期，无政府主义在人数众多的小资产阶级知识分子中广泛传播，影响很大。

无政府主义曾在冲击封建思想、宣传新思潮、批判封建军阀专制统治、介绍十月革命等方面起过一定的进步作用。但它在反对中国反动政权的同时，把攻击的矛头也指向了马克思主义国家学说和俄国的无产阶级专政，鼓吹在社会革命后立即实行"各取所需"的分配原则；它还主张绝对自由，反对任何组织纪律。这些思想产生了很大的消极作用，阻碍了马克思主义的传播。

马克思主义者对无政府主义的错误主张进行了批判。他们阐明了无产阶级领导人民用暴力革命夺取政权的必要性，论证了无产阶级专政的国家与剥削阶级国家的本质区别，指出推翻封建贵族、资产阶级的国家，巩固无产阶级专政，是由资本主义通向共产主义的正确道路。他们还指出，在人类社会中，自由总是相对的，个人的绝对自由根本不存在；超越社会的发展阶段和生产力水平而主张立即实现所谓"各尽所能，各取所需"，更是绝对办不到的。

这次论争捍卫了马克思主义的国家学说和无产阶级专政思想，阐明了在中国建立一个无产阶级政党的必要性，从而使许多知识青年摆脱了无政府主义的影响，逐渐走上了马克思主义的道路。

通过这三次论战，马克思主义者打退了反马克思主义思潮的进攻，划清了科学社会主义与资产阶级改良主义和形形色色的假社会主义的界限，扩大了马克思主义的影响，逐步成为新文化运动的主流。

中国先进分子通过推陈比较选择马克思主义的指导，推动了中国共产党的成立。最早酝酿在中国建立共产党的是陈独秀和李大钊。1920年2月，为了躲避反动军阀政府的迫害，陈独秀秘密离开北京前往上海。李大钊亲自伴送他到天津。在北京至天津的路上，两人交换了建立共产党组织的意见，相约在北京和上海分别进行建党的筹备活动。1920年8月，在陈独秀的主持下，上海的早期党组织成立，当时取名为"中国共产党"，成员主要有陈独秀、李汉俊、沈玄庐、邵力子、施存统、俞秀松、陈公培、陈望道、李达等人；1920年10月，北京的共产党早期组织成立，成员先后有李大钊、张申府、张国焘、邓中夏、罗章龙、刘仁静、高君宇、何孟雄、张太雷等人，大都是北京大学的进步师生；1920年秋，湖北共产党早期组织在武汉成立，成员有董必武、陈潭秋、刘伯垂、包惠僧等；1920年秋，广州也酝酿建立共产党的组织，成员主要有谭平山、陈公博、谭植棠、袁振英、李季等人；1921年春，山东的共产党组织在济南成立，参加者有王尽美、邓恩铭、王翔千等。1920年初冬，在毛泽东的筹划下，长沙的共产党早期组织建立，到1921年7月，成员有毛泽东、何叔衡、彭璜等人。与以上6个城市建立了共产党早期组织同时，在旅日、旅法的华人中也成立了共产党的早期组织。1921年年初，旅法华人中的共产党早期组织成立，成员多为留法勤工俭学人员，有张申府、赵世炎、陈公培、刘清扬、周恩来等人。旅日华人中的共产党早期组织是由在国内加入党组织后去日本的施存统、周佛海等人组成的。

各地早期党组织成立后，开始了系统地宣传介绍列宁主义理论和俄国革命的经验。他们一方面继续在知识分子中宣传马克思主义，一方面按照俄国的方法，帮助工人组织各种团体，创办各种工人刊物，努力促进马克思主义同中国工人运动相结合。他们号召工人们"准备共产革命的运动！""和资本家阶级开战！"宣称中国不发生社会主义则已，"若能发生，则只有俄国式的社会主义"[1]。上海早期党组织成立后，就将《新青年》改组为它的机关刊物，宣传马克思主义的基本理论。随后又出版《共产党》月刊，介绍革命理论和党的基本知识，推动建党工作的开展。武汉有《武汉星期评论》，济南有《励新》半月刊，广州有《广东群报》。到工人中去宣传的通俗刊物，有北京的《劳动音》、上海的《劳动界》和广州的《劳动者》等。这些刊物文字通俗易懂，讲解马克思主义的道理深入浅出，同时结合工人的切身经历，诉说工人的需求，引起工人们广泛的共鸣。

---

[1] 参见记者：《共产党的粤人治粤主张》，《劳动者》第二号，1920年10月10日；张赤：《打破现状才能进步》，《劳动界》第六册，1920年9月19日；立达：《劳动者与社会主义》，《劳动者》第十六册，1920年11月28日；《社会主义底发生的考察和实行条件底讨论与他在中国的感应性及可能性》，《评论之评论》第一卷第四号，1921年。

利用"提倡平民教育"的合法名义，到工人中创办各种劳动补习学校，成立工人组织，也是各地早期党组织开展活动的重要方式。上海党组织在沪西小沙渡地区创办了工人半日学校。1920年11月，组织了机器工人联合会，12月又组织了印刷工人联合会。北京党组织由邓中夏负责开办了长辛店劳动补习学校，1921年正式开学。同年五一国际劳动节，长辛店铁路工人举行庆祝大会，通过组织工会的决议。其他各地的早期党组织也有类似的活动，进一步促进了马克思主义同中国工人运动的结合。

1921年7月23日至31日，在上海法租界和南湖召开了中国共产党的第一次全国代表大会，宣告了以马克思列宁主义为指导思想的无产阶级政党中国共产党的诞生，是对马克思主义党建理论中无产阶级必须建立自己的独立政党理论在实践中的直接运用，标志着中国革命由此进入了新的发展阶段。会议讨论并通过了《中国共产党党纲》《关于当前实际工作的决议》，选举了党的领导机构。在党的一大通过的党纲中明确提出，以无产阶级革命军队推翻资产阶级的政权，消灭资本家私有制，由劳动阶级重建国家，承认无产阶级专政，直到阶级斗争结束，即直到消灭社会的阶级区分。同时还规定了党的基本任务是从事工人运动的各项活动，加强对工会和工人运动的研究与领导。经历了十月革命后早期马克思主义者对马克思主义理论的比较选择、研究宣传以及中国共产党的成立，中国先进的知识分子最终形成了"走俄国人的路"的共识，这是中国近代历史发展的必然，也是中国现代化发展划时代的崭新一页。

三、时代大潮之中的理论创新

马克思主义是科学的真理，这是近代中国先进分子经过推陈比较最终选择其为指导思想的根本原因所在。马克思主义的科学性，不仅在于它批判继承了人类历史上的优秀成果，超越了资产阶级的哲学、政治经济学和空想社会主义，"回答了人类先进思想已经提出的种种问题"①，揭示了人类社会发展的本质和规律；而且在于它具有与时俱进的理论品质，在指导着人们认识世界和改造世界的过程中，将理论与实际相结合，得到实践的检验。解放思想、实事求是、与时俱进是马克思主义活的灵魂，是中国共产党以马克思主义为指导，在将马克思主义基本原理与中国具体实际相结合的伟大实践过程中，不断坚持马克思主义，勇于创新、发展马克思主义的根本原则，这也是中国革命、建设和改革开放不断取得胜利的思想指南。

中国共产党从成立起，就以马克思列宁主义作为自己的指导思想。无论是从整个世界社会历史发展趋势、中国社会实际情况，还是从自身发展规律而言，中国共产党借鉴俄国十月革命成功经验均是必然的选择。确定了"走俄国人的路"，意味着中国革命确立了马克思列宁主义的理论指导，有了前进的方向。但取得中国革命成功，还要面对如何"走俄国人的路"的问题。是照搬照抄，还是依据实际情况，走自己的路？这个看似细节的问题，实际关系到中国革命的成败。

中国共产党建立之初，李大钊等就开始思考马克思主义与中国国情"相结合"的问题。李大钊于1923年在《社会主义与社会运动》一文中指出，社会主义"因各地、各时之情形不同，务求其适合者行之，遂发生共性与特性结合的一种新制度，故中国将来发生之时，必与英、德、俄……有异"②。张太雷提出了"把国际无产阶级政党的纲领和方法正确地运用于各国具体特点的基础之上"③的主张。瞿秋白也指出，"革命的理论永不能和革命的实践相离，应用马克思主义于中国国情的工作，断不可一日或缓"④。显然，中国的早期马克思主义者已经意识到应该将马克思主义与中国的具体国情相结合。

---

① 《列宁选集》第二卷，人民出版社2012年版，第309页。

② 《李大钊全集》第四卷，人民出版社2006年版，第197页。

③ 《张太雷文集续编》，江苏人民出版社1992年版，第32页。

④ 《瞿秋白全集》，人民出版社1985年版，第310页。

然而，与任何一个新生事物一样，中国共产党也经历了由不成熟到成熟、由模仿到推陈出新的过程。在一个半殖民地半封建的东方大国进行革命，既面对着农民占人口绝大多数，落后分散的小农经济、小生产及其社会影响根深蒂固的特殊国情，又遭受着西方列强的侵略和压迫，经济文化十分落后，选择一条什么样的道路才能把中国革命引向胜利成为首要问题，这也是马克思主义发展史上前所未有的难题。年轻的中国共产党一度将苏联模式教条化，将共产国际的指示教条化，给中国革命造成巨大损失。

在工农关系问题上，中国共产党成立后，虽然多次提到工农联盟，但是受到苏俄十月革命的影响，在开展革命工作时，将工人运动摆在首位，农民运动放在次席。中共中央书记局总书记陈独秀认为，农民散漫异常，文化十分低落，教育和宣传都难以产生效果，便将全部精力放在工人运动上。国民革命失败后，瞿秋白、李立三领导的中共中央仍然错误地判断中国国情与革命形势，提出了片面的"城市中心论"，力图通过工人革命，夺取大城市，实现革命成功。这种脱离客观实际的做法，虽以"左"的面目出现，但与陈独秀的右倾机会主义思维如出一辙，致使中国共产党的组织受到很大破坏。

早在国民革命后期，毛泽东等中共负责人已经开始认识到农民运动的重要性，并于国民革命失败后，在远离城市的乡村建立根据地，逐渐开辟出农村包围城市、武装夺取政权的革命新路。但伴随着王明等留苏学生归国，在共产国际远东局的支持下成为中国共产党的实际领导者，教条主义开始在全党范围内滋长、蔓延。

1931年1月7日，中国共产党扩大的六届四中全会在上海召开。这次会议的主要目的是重组中共中央领导机构，贯彻共产国际路线。因共产国际远东局负责人米夫以不正常的组织手段控制了会议的进行，王明不仅得以列席会议，而且在会上发表《两条路线底斗争》（后更名《为中共更加布尔塞维克化而斗争》）的长篇大论，宣称必须从思想上、政治上、组织上全面彻底地改造党。在这次会议上，王明被选为中央委员，并进入中央政治局，实际操纵了中共中央的领导权。此后，中共中央提拔了一批具有拥护国际路线的同志到中央领导岗位，并派遣许多中央代表或"新的领导干部"到全国各地去，对革命根据地和国民党统治区的地方党组织进行所谓"改造"。这样，六届四中全会就成为以王明为主要代表的"左"倾教条主义错误在中共中央占据统治地位的开端。

在《两条路线底斗争》中，王明以"拥护共产国际的正确的列宁主义的路线，反对以李立三为领导的反共产国际的路线"为旗号，系统地阐发了他的"左"倾教条主义观念。他认为，中国革命的动力只有工农和下层小资产阶级，资产阶级、上层小资产阶级同帝国主义、封建主义一样，都是革命的对象，现阶段中国资产阶级民主革命，只有在坚决进行反对资产阶级的斗争中才能得到彻底的胜利。他强调，全国性的革命高潮已经到来，要在全国范围内实行进攻路线，先在一省或几省取得胜利，进而推进与争取全国范围内的胜利。王明坚持"城市中心论"，将组织领导工人阶级的经济斗争、准备总同盟罢工以至武装起义，作为中国共产党最主要的任务。对于红军，王明虽表示重视，但没有认识到敌强我弱形势下红军作战规律和根据地发展规律，指责党和红军"到1930年冬还没有能够建立起一个能够真正成为最有保障的革命中心的根据地"。在土地革命问题上，王明提出"坚决打击富农""使富农得到较坏的土地"等主张。在组织上，他要求以"积极拥护和执行国际路线的斗争干部——特别是工人干部，来改造和充实各级的领导机关"①。

《两条路线底斗争》作为"左"倾教条主义的政治纲领，经党的六届四中全会实际上的批准而成为党的指导思想，并通过重新改组的各级领导机构贯彻实施，从组织上为教条主义思维方式的存在与漫延提供了保障；同时，因王明等人在苏联系统学习了马克思列宁主义理论，谈话、写作，动辄引经据

---

① 陈绍禹：《为中共更加布尔塞维克化而斗争》，中国人民解放军政治学院党史教研室编：《中共党史参考资料》第六册，第227—300页。

典，显示出相当高的理论素养，从而树立了马克思列宁主义理论权威的形象，对于许多马克思主义理论素养不深，对中国革命实际了解不够的人来说，具有极大迷惑作用；此外，王明等人颇受直接领导中国共产党的共产国际远东局负责人青睐，在共产国际与中国共产党领导与被领导体制下，共产国际的支持就使得王明等人在中国共产党内不仅有理论家的权威，而且还握有实际的领导权，使得一部分本来不赞成或批评王明的人转而赞同并支持他。如上种种因素，造成了"左"倾教条主义倾向未能及时得到纠正，形成了"把马克思主义教条化，把共产国际指示和苏联经验神圣化"的错误潮流，而且随着形势的发展，在中国共产党内由城市影响到农村革命根据地，给中国革命造成巨大的损失与危害。

1931年9月18日，日本帝国主义悍然发动九一八事变，全国规模的抗日救亡运动随即兴起，中国社会的阶级关系剧烈变动。根据形势发展，以抗日战争为中心，制定出符合客观实际的战略策略，推动中国革命事业向前发展，是摆在中国共产党面前的当务之急。但是，在"左"倾教条主义的思维方式影响下，党的六届四中全会以后的临时中央依据共产国际的指示，认为资本主义世界和社会主义世界对立，是国际关系的不变法则，日本侵占东北，接下来又是华北，这是"向反苏战争又前进了一步"；强调帝国主义国家反对苏联和反对中国革命的一致性，要求中国共产党不仅要反对日本帝国主义，而且要反对一切帝国主义，提出"武装保卫苏联"口号，完全脱离中国实际。

从教条出发，对形势的曲解与误读，必然会反映在具体的政策上。在统一战线问题上，教条主义者犯了"关门主义"错误。他们看不到民族危机引发的中国社会阶级关系新变化，否认以民族资产阶级为主体的中间势力的抗日要求，否认国民党内部在抗日问题上的矛盾与分化，认为当前形势的特点是革命与反革命的决战，中间势力帮助国民党维持它的统治，使群众不去反对与推翻国民党的统治，因而是最危险的敌人，应该以主要的力量来打击这些妥协的反革命派。在革命策略上，教条主义者犯了冒险主义错误。他们片面强调国民党政权与苏维埃政权的对立，认为国民党统治的崩溃，正在加速进行着，红军和苏维埃政权能够立刻取得决定性的胜利。他们重新提出争取"中国革命在一省数省的首先胜利"的方针，指令根据地红军采取"积极进攻的策略"，攻打中心城市；规定党在国民党统治区的第一等的任务，是用最大的力量去开展城市工人的罢工斗争。在领导城市工人运动时，他们继续采取冒险主义的方针，组织赤色工会，无条件地举行冲厂、罢工、全行业罢工等。

"冒险主义"和"关门主义"路线的推行，给国统区党的组织和工作造成巨大损害。从1931年年初到1932年年底，中共河北省委遭到三次大破坏，1933年更是遭到四次破坏。从1931年4月到1933年7月，中共山东省委遭到五次大破坏，并与中共中央失去联系。从1934年3月到1935年2月，负责领导党在国统区工作、同共产国际联系的临时中央派出机关——上海中央局，遭到六次大破坏，陷入瘫痪状态，并不得不在7月后停止活动。

中央政治局被迫由上海迁到瑞金后，教条主义者并没有接受城市革命失败的教训。特别是在第五次反"围剿"战争中，博古、李德等过高地估计了红军的实力，照搬军事教科书的做法，采取"御敌于国门之外"的错误战略，以及"短促出击"的错误战术，和十倍于己的敌人硬拼，造成红军大量伤亡，无法继续在中央根据地立足，被迫放弃苦心建设数年的革命根据地，进行战略转移，长征两万五千里，在遵义会议的正确路线指引下，方才保留住革命的星星之火。

历史经验证明，不顾中国国情、理论脱离实际、照搬照抄外国经验的教条主义是错误的。中国共产党必须把马克思列宁主义基本原理同中国革命的具体实践相结合，坚持实事求是的思想路线，才能领导中国革命走向胜利。

从革命斗争失误的教训中，毛泽东等中国共产党人深刻认识到，面对中国的特殊国情，面对压在中国人民头上的三座大山，中国革命将是一个长期过程，不能以教条主义的观点对待马克思列宁主义，必须从中国实际出发，实现马克思主义中国化。

为了从理论上阐明中国革命发展的正确道路，以指导革命根据地斗争的发展，1928年10月、11月，毛泽东先后完成《中国的红色政权为什么能够存在?》和《井冈山的斗争》两篇文章，第一次把武装斗争、建立政权和深入开展土地革命密切结合在一起，提出了"工农武装割据"的思想。1930年1月，毛泽东写了《星星之火，可以燎原》的党内通信，提出了以农村为共产党的工作重心的问题，明确了建立小块红色政权是将来夺取全国政权的必要条件和必经之路，辨明了城市斗争和农村斗争的关系，提出了农民革命斗争的发展路线、方式与方法，标志着毛泽东关于农村包围城市、武装夺取政权道路理论的基本形成。同年5月，毛泽东又写下了他在几十年后仍然感到自豪的文章——《调查工作》（即《反对本本主义》），进一步阐明了坚持唯物主义思想路线、坚持理论与实际相结合原则的重要性，旗帜鲜明地提出反对本本主义即教条主义的口号，指出"我们的斗争需要马克思主义"，"但是必须同我国的实际情况相结合。……一定要纠正脱离实际情况的本本主义。怎样纠正这种本本主义？只有向实际情况作调查"①。从哲学高度揭示了中国革命新道路理论形成的原因，从而使这一理论建立在坚实的马克思主义认识论基础之上，标志着毛泽东思想的形成。

为使全党进一步从教条主义中解放出来，1938年9月29日至11月6日，中国共产党召开了六届六中全会，毛泽东代表党中央作了《论新阶段》的政治报告，明确向全党提出了"把马克思主义中国化"的任务，指出"对于中国共产党说来，就是要学会把马克思列宁主义的理论应用于中国的具体的环境……使马克思主义在中国具体化，使之在其每一表现中带着必须有的中国的特性"，主张作为中国人，一定要有"中国作风、中国气派"。②这次全会的

---

① 《反对本本主义》，《毛泽东选集》第一卷，人民出版社1991年版，第111—112页。

② 《中国共产党在民族战争中的地位》（1938年10月14日），《毛泽东选集》第二卷，人民出版社1991年版，第534页。

召开，在马克思主义中国化历史上具有重大的意义，标志着中国共产党把马克思主义同中国实际相结合，进入更加自觉地深入了解中国国情并从事理论创造的新阶段。

为解决马克思主义中国化面临的文化认同与重构问题，以毛泽东为代表的中国共产党人把"民族特点"和"民族形式"看作是马克思主义普遍真理在中国大地上发挥作用的必经环节。在《新民主主义论》一文中，毛泽东系统阐释了创建"民族的科学的大众的文化"问题，认为："必须将马克思主义的普遍真理和中国革命的具体实践完全地恰当地统一起来，就是说，和民族的特点相结合，经过一定的民族形式，才有用处，决不能主观地公式地应用它……中国文化应有自己的形式，这就是民族形式。民族的形式，新民主主义的内容——这就是我们今天的新文化。"①这段话，道出了马克思主义中国化问题的实质，说明了马克思主义中国化的过程，不仅是马克思主义被中国民族文化认同和吸收的过程，而且是马克思主义在新的实践中得到创造性丰富和发展的过程，从而给马克思主义中国化作了最准确的界定。

在1942年春天开始的全党整风运动中，毛泽东围绕如何运用和发展马克思主义进行了系统阐述，指出，不能把马克思列宁主义理论当成僵死的教条，"中国共产党人只有在他们善于应用马克思列宁主义的立场、观点和方法，善于应用列宁斯大林关于中国革命的学说，进一步地从中国的历史实际和革命实际的认真研究中，在各方面作出合乎中国需要的理论性的创造，才叫做理论和实际相联系。如果只是口头上讲联系，行动上又不实行联系，那末，讲一百年也还是无益的。我们反对主观地片面地看问题，必须攻破教条主义的主观性和片面性"②。整风运动彻底破除了中国共产党内"把马克思主义教条化，把共产国际指示和苏联经验神圣化"的错误倾向，解放了思想，

①《新民主主义论》（1939年12月20日），《毛泽东选集》第二卷，人民出版社1991年版，第706—707页。

②《整顿党的作风》（1942年2月1日），《毛泽东选集》第三卷，人民出版社1991年版，第820页。

在全党范围内树立了实事求是的思想路线，为抗日战争和新民主主义革命的胜利奠定了坚实的思想基础。

经过长期革命实践和理论总结，毛泽东等中国共产党人创造性地解决了马克思列宁主义基本原理同中国实际相结合的一系列重大问题，深刻分析了中国社会形态和阶级状况，弄清了中国革命的性质、对象、任务、动力，提出通过新民主主义革命走向社会主义的两步走战略，制定了新民主主义革命总路线，开辟了以农村包围城市、最后夺取全国胜利的革命道路；创造性地解决了在中国这种特殊的社会历史条件下建设马克思主义政党的一系列重大问题，把党建设成为用科学理论和革命精神武装起来的、同人民群众有着血肉联系的、思想上政治上组织上完全巩固的马克思主义政党；创造性地解决了缔造一个在党的绝对领导下的人民武装力量的一系列重大问题，建成一支具有一往无前精神、能压倒一切敌人而决不被敌人所屈服的新型人民军队；创造性地解决了团结全民族最大多数人共同奋斗的革命统一战线的一系列重大问题，为党和人民事业凝聚了一支最广大的同盟军。在全党范围内，毛泽东思想为中国共产党指导思想的共识逐步形成。

在广泛学习和宣传毛泽东思想的基础上，在中共七大上，毛泽东思想被确立为党的指导思想。1945年3月31日，刘少奇在六届七中全会讨论七大报告时说："总纲是党的基本纲领，作为党章的前提与组成部分，可以更加促进党内的一致。党章以毛泽东思想来贯穿，这是一个前所未有的历史特点"[①]。5月14日，刘少奇在中国共产党七大全体会议上作《关于修改党的章程的报告》，对毛泽东思想作了科学的概括和全面的论述。他说："毛泽东思想，就是马克思列宁主义的理论与中国革命的实践之统一的思想，就是中国的共产主义，中国的马克思主义。""毛泽东思想，就是马克思主义在目前时代的殖民地、半殖民地、半封建国家民族民主革命中的继续发展，就是马克思主义

[①]《刘少奇年谱》（1893—1969）上卷，中央文献出版社1996年版，第463页。

民族化的优秀典型。它是从中国民族与中国人民长期革命斗争中……生长和发展起来的。它是中国的东西，又是完全马克思主义的东西。"毛泽东思想"是我们党的唯一正确的指导思想，唯一正确的总路线"。毛泽东思想"是中国人民完整的革命建国理论。这些理论，表现在毛泽东同志的各种著作以及党的许多文献上。这就是毛泽东同志关于现代世界情况及中国国情的分析，关于新民主主义的理论和政策，关于解放农民的理论与政策，关于革命统一战线的理论与政策，关于革命战争的理论与政策，关于革命根据地的理论与政策，关于建设新民主主义共和国的理论与政策，关于建设党的理论与政策，关于文化的理论与政策等。这些理论与政策，完全是马克思主义的，又完全是中国的。这是中国民族智慧的最高表现和理论上的最高概括"。刘少奇强调指出："毛泽东思想，就是这次被修改了的党章及其总纲的基础。学习毛泽东思想，宣传毛泽东思想，遵循毛泽东思想的指示去进行工作，乃是每一个党员的职责。"[1]6月11日中共七大通过的党章正式规定："中国共产党，以马克思列宁主义的理论与中国革命的实践之统一的思想——毛泽东思想，作为自己一切工作的指针。"

确立毛泽东思想在全党的指导地位，使中国共产党从主观主义教条主义的思维方式中解放出来，实现了思想解放和思想统一的双重任务，并在中国共产党内确立了把马克思主义的普遍真理同中国革命的具体实践相结合的发展方向，高度地凝聚了党心和民心，正确地指明了中国革命的斗争方向，成为中国革命从胜利走向胜利的伟大旗帜。

新民主主义革命的胜利，社会主义基本制度的确立，为当代中国一切发展进步奠定了根本政治前提和制度基础。

社会主义基本制度确立以后，如何在中国建设社会主义，是党面临的崭新课题。以毛泽东为代表的中国共产党人以苏联的经验教训为鉴戒，对适合

---

[1]《刘少奇选集》上卷，人民出版社1981年版，第332—337页。

中国情况的社会主义建设道路进行了艰苦探索，提出要创造新的理论、写出新的著作，把马克思列宁主义基本原理同中国实际进行"第二次结合"，找出在中国进行社会主义革命和建设的正确道路，制定把我国建设成为一个强大的社会主义国家的战略思想，建立起独立的比较完整的工业体系和国民经济体系，独立研制出"两弹一星"，成为在世界上有重要影响的大国，积累起在中国这样一个社会生产力水平十分落后的东方大国进行社会主义建设的重要经验，为我们党和人民事业胜利发展、为中华民族阔步赶上时代发展潮流创造了根本前提，奠定了坚实的理论和实践基础。

党的十一届三中全会以后，中国共产党在总结中华人民共和国成立以来正反两方面的经验，领导全国人民进行改革开放和中国特色社会主义现代化建设的伟大实践中，不断深化了对理论和实际相结合问题的认识。邓小平指出："马列主义、毛泽东思想的基本原则，我们任何时候都不能违背……但是，一定要和实际相结合，要分析研究实际情况，解决实际问题。"[①]"只有结合中国实际的马克思主义，才是我们所需要的真正的马克思主义。"[②]江泽民指出："世界变化很大很快，特别是日新月异的科学技术进步深刻地改变了并将继续改变当代经济社会生活和世界面貌……邓小平理论正是根据这种形势，确定我们党的路线和国际战略，要求我们用新的观点来认识、继承和发展马克思主义，强调只有这样才是真正的马克思主义，墨守成规只能导致落后甚至失败。"[③]胡锦涛指出："《共产党宣言》发表以来近一百六十年的实践证明，马克思主义只有与本国国情相结合、与时代发展同进步、与人民群众共命运，才能焕发强大的生命力、创造力、感召力。"[④]

---

① 《邓小平文选》第二卷，人民出版社1994年版，第114页。

② 《邓小平文选》第三卷，人民出版社1993年版，第213页。

③ 《江泽民文选》第二卷，人民出版社2006年版，第11页。

④ 胡锦涛：《高举中国特色社会主义伟大旗帜 为夺取全面建设小康社会新胜利而奋斗》，《人民日报》2007年10月25日。

在"文化大革命"结束，中国面临向何处去的历史关头，邓小平冲破"两个凡是"的禁锢，领导和支持关于真理标准问题的大讨论，恢复和重新确立党的解放思想、实事求是的思想路线，并结合新的时代特征，从以阶级斗争为纲到以经济建设为中心，从僵化半僵化到全面改革，从封闭半封闭到对外开放，这种历史性转变使社会主义在中国的发展充满生机和活力，形成了新的中国特色社会主义理论——邓小平理论。

十五大报告对邓小平理论在马克思主义发展史上的历史地位进行了充分的科学论证，指出："邓小平理论是当代中国的马克思主义，是马克思主义在中国发展的新阶段。"[1]这是对邓小平理论在马克思主义发展史上、在马克思主义中国化的历史发展中、在马克思主义科学体系中的科学定位，也是对邓小平理论社会历史价值的高度评价。

邓小平理论是马克思主义，而且是中国化的、发展了的马克思主义。这是因为：邓小平理论来源于马克思主义，它同马克思列宁主义、毛泽东思想是一脉相承的，与它们有着共同的辩证唯物主义和历史唯物主义的哲学基础，有着共同的目的、目标和历史使命。相对于毛泽东思想而言，"邓小平理论是马克思主义在中国发展的新阶段"[2]。二者是马克思主义在中国发展的两个不同的历史阶段。邓小平理论作为我国改革开放和社会主义建设新时期的伟大旗帜，第一次科学地回答了像中国这样经济、文化落后的大国如何建设社会主义、如何巩固和发展社会主义的一系列基本问题。邓小平理论的伟大意义根本在于它初步解决了一个关系社会主义前途命运的历史性课题。

党的十三届四中全会以来，以江泽民为主要代表的中国共产党人，在建设中国特色社会主义的伟大实践中，总结治党、治国、治军新的宝贵经验，创立了"三个代表"重要思想，成为新世纪新阶段指引全党全国人民继往开

---

[1] 江泽民：《高举邓小平理论伟大旗帜，把建设有中国特色社会主义事业全面推向二十一世纪》，《人民日报》1997年9月19日。

[2] 胡锦涛：《在纪念毛泽东诞辰110周年座谈会的讲话》，新华社2003年12月26日。

来、与时俱进、实现全面建设小康社会宏伟目标的根本指针。

"三个代表"重要思想作为一个系统的科学理论，在建设中国特色社会主义的思想路线、发展道路、发展阶段和发展战略、根本任务、发展动力、依靠力量、国际战略、领导力量和根本目的等重大问题上都取得了丰硕成果；它用一系列紧密联系、相互贯通的新思想、新观点、新论断，进一步回答了什么是社会主义、怎样建设社会主义的问题，创造性地回答了建设什么样的党、怎样建设党的问题。"三个代表"重要思想的提出，不仅表明中国共产党对共产党执政规律、社会主义建设规律和人类社会发展规律的认识达到了新的理论高度，而且反映了我国最广大人民的共同意愿，体现了当今世界和中国发展的时代精神，是全党全国人民在新世纪新阶段继续团结奋斗的共同思想基础。要在进入新世纪的头二十年实现全面建设小康社会的宏伟目标，全党全国的各项工作就必须以"三个代表"重要思想为根本指针，在它的指引下集聚起强大的力量，战胜一切艰难险阻，不断把改革开放和现代化建设推向前进。

2002年党的十六大以后，我国改革发展进入了全面建设小康社会的关键时期，以胡锦涛为总书记的党中央继承和发展马克思主义关于发展的理论，立足社会主义初级阶段基本国情，总结中华人民共和国成立以来经济社会发展的经验教训，汲取人类社会发展的有益成果，适应我国现阶段现代化建设的需要，针对当前我国经济社会发展中存在的突出问题和矛盾，提出了科学发展观这一重大理论创新成果，并确立了以科学发展观统领新世纪新阶段我国经济社会发展全局的战略指导方针。

科学发展观对我国的发展道路、发展模式、发展战略、发展动力、发展目的和发展要求等一系列重大理论和实践问题作出了科学回答，揭示了当代中国经济社会发展的客观规律，反映了我们党对发展问题的新认识。在新世纪新阶段我国全面建设小康社会的关键时期，要抓住发展机遇，破解发展难题，推动我国经济社会全面协调可持续发展，最根本的就在于坚持以科学发展观统领经济社会发展全局，全面贯彻落实科学发展观的基本要求，把握发展规律，创新发展理念，转变发展方式，提高发展质量和效益，推动中国特色社会主义事业又好又快地向前发展。

党的十八大以来，中国共产党明确提出实现中华民族伟大复兴中国梦的宏伟目标，不断推进实践创新和理论创新。习近平总书记指出，"在当今世界深刻复杂变化、中国同世界的联系和互动空前紧密的情况下，我们更要密切关注国际形势发展变化，把握世界大势，统筹好国内国际两个大局，在时代前进潮流中把握主动、赢得发展"，强调要"学习掌握认识和实践辩证关系的原理，坚持实践第一的观点，不断推进实践基础上的理论创新"。顺应时代发展趋势、直面实践中的问题，围绕坚持和发展什么样的中国特色社会主义、怎样坚持和发展中国特色社会主义这个新时代的重大课题，中国共产党紧密结合新的时代条件和实践要求，以全新的视野深化对共产党执政规律、社会主义建设规律、人类社会发展规律的认识，开辟了马克思主义中国化的新境界，取得了重大理论创新成果。

中国特色社会主义进入新时代，以习近平同志为核心的中国共产党人，顺应时代发展，从理论和实践结合上系统回答了新时代坚持和发展什么样的中国特色社会主义、怎样坚持和发展中国特色社会主义这个重大时代课题，创立了习近平新时代中国特色社会主义思想。习近平新时代中国特色社会主义思想明确坚持和发展中国特色社会主义，总任务是实现社会主义现代化和中华民族伟大复兴，在全面建成小康社会的基础上，分两步走：在本世纪中叶建成富强民主文明和谐美丽的社会主义现代化强国；明确新时代我国社会主要矛盾是人民日益增长的美好生活需要和不平衡不充分的发展之间的矛盾，必须坚持以人民为中心的发展思想，不断促进人的全面发展、全体人民共同富裕；明确中国特色社会主义事业总体布局是"五位一体"、战略布局是"四个全面"，强调坚定道路自信、理论自信、制度自信、文化自信；明确全面深化改革总目标是完善和发展中国特色社会主义制度、推进国家治理体系和治理能力现代化；明确全面推进依法治国总目标是建设中国特色社会主义法治体系、建设社会主义法治国家；明确党在新时代的强军目标是建设一支听党指挥、能打胜仗、作风优良的人民军队，把人民军队建设成为世界一流军队；明确中国特色大国外交要推动构建新型国际关系，推动构建人类命运共同体；明确中国特色社会主义最本质的特征是中国共产党领导，中国特色社会主义制度的最大优势是中国共产党领导，党是最高政治领导力量，提出新时代党的建设总要求，突出政治建设在党的建设中的重要地位。习近平新时代中国特色社会主义思想是对马克思列宁主义、毛泽东思想、邓小平理论、"三个代表"重要思想、科学发展观的继承和发展，是马克思主义中国化最新成果，是党和人民实践经验和集体智慧的结晶，是中国特色社会主义理论体系的重要组成部分，是全党全国人民为实现中华民族伟大复兴而奋斗的行动指南，必须长期坚持并不断发展。

纵观马克思主义在中国实践与发展的历程，我们可以看到，中国共产党诞生后，中国共产党人把马克思主义基本原理同中国革命和建设的具体实际结合起来，团结带领人民经过长期奋斗，完成新民主主义革命和社会主义革命，建立起中华人民共和国和社会主义基本制度，进行了社会主义建设的艰辛探索，实现了中华民族从"东亚病夫"到站起来的伟大飞跃。这一伟大飞跃以铁一般的事实证明，只有社会主义才能救中国！改革开放以来，中国共产党人把马克思主义基本原理同中国改革开放的具体实际结合起来，团结带领人民进行建设中国特色社会主义新的伟大实践，使中国大踏步赶上了时代，实现了中华民族从站起来到富起来的伟大飞跃。这一伟大飞跃以铁一般的事实证明，只有中国特色社会主义才能发展中国！在新时代，中国共产党人把马克思主义基本原理同新时代中国具体实际结合起来，团结带领人民进行伟大斗争、建设伟大工程、推进伟大事业、实现伟大梦想，推动党和国家事业取得全方位、开创性历史成就，发生深层次、根本性历史变革，中华民族迎来了从富起来到强起来的伟大飞跃。这一伟大飞跃以铁一般的事实证明，只有坚持和发展中国特色社会主义才能实现中华民族伟大复兴！

实践证明，马克思主义的命运早已同中国共产党的命运、中国人民的命运、中华民族的命运紧紧连在一起，它的科学性和真理性在中国得到了充分检验，它的人民性和实践性在中国得到了充分贯彻，它的开放性和时代性在中国得到了充分彰显！实践还证明，马克思主义为中国革命、建设、改革提供了强大思想武器，使中国这个古老的东方大国创造了人类历史上前所未有的发展奇迹。历史和人民选择马克思主义是完全正确的，中国共产党把马克思主义写在自己的旗帜上是完全正确的，坚持马克思主义基本原理同中国具体实际相结合、不断推进马克思主义中国化时代化是完全正确的！

习近平总书记指出："理论的生命力在于不断创新，推动马克思主义不断发展是中国共产党人的神圣职责。我们要坚持用马克思主义观察时代、解读时代、引领时代，用鲜活丰富的当代中国实践来推动马克思主义发展，用宽广视野吸收人类创造的一切优秀文明成果，坚持在改革中守正出新、不断超越自己，在开放中博采众长、不断完善自己，不断深化对共产党执政规律、社会主义建设规律、人类社会发展规律的认识，不断开辟当代中国马克思主义、21世纪马克思主义新境界！"①当前，在习近平新时代中国特色社会主义思想指导下，我们对社会主义的认识，对中国特色社会主义规律的把握，已经达到了一个前所未有的新的高度；同时也要看到，我国社会主义还处在初级阶段，我们还面临很多没有弄清楚的问题和待解的难题，对许多重大问题的认识和处理都还处在不断深化的过程之中。因此，必须全面掌握辩证唯物主义和历史唯物主义的世界观和方法论，坚持马克思主义的发展观点，深刻认识实现共产主义是由一个一个阶段性目标逐步达成的历史过程，坚持实践是检验真理的唯一标准，把共产主义远大理想同中国特色社会主义共同理想统一起来、同我们正在做的事情统一起来，发挥历史的主动性和创造性，清

---

① 习近平：《在纪念马克思诞辰200周年大会上的讲话》，《人民日报》2018年5月5日，第2版。

醒认识世情、国情、党情的变和不变，坚定中国特色社会主义道路自信、理论自信、制度自信、文化自信，以逢山开路、遇河架桥的精神，锐意进取，大胆探索，敢于分析回答现实生活中和群众思想上迫切需要解决的问题，不断深化改革开放，不断有所发现、有所创造、有所前进，不断推进理论创新、实践创新、制度创新，为共产主义奋斗终生。

/ 第二章 /

引发中华文明的深刻变革

马克思主义进入中国，引发了中华文明的深刻变革。鸦片战争之后，在西方列强的坚船利炮打击下，中国逐渐沦为半殖民地半封建社会，救亡图存成为中华民族迫在眉睫的历史使命，实现民族独立、人民解放和国家富强、人民幸福成为近现代中国的历史任务。历史在人民探索和奋斗中造就了中国共产党，从此，中国人民谋求民族独立、人民解放和国家富强、人民幸福的斗争就有了主心骨，中国人民就从精神上由被动转为主动。中国共产党依靠中国人民，通过新民主主义革命，实现了民族独立和人民解放；经过社会主义革命，确立了社会主义根本制度并取得了社会主义建设的巨大成就；经由改革开放，完善和发展了中国特色社会主义，迈向了中国特色社会主义新时代，从根本上改变了中国人民和中华民族的前途命运，开启了沿着社会主义道路走向世界、实现民族伟大复兴的新的历史征程。

一、两个少年的梦想

道路决定命运，这寥寥几字，将其置于历史的现场，将其与具体人物的命运联系在一起，其丰富的内涵更加动人心魄。

该如何结束旧中国半殖民地半封建社会的历史，结束旧中国一盘散沙的局面，废除列强强加给中国的不平等条约和帝国主义在中国的一切特权，使民族独立、人民解放，绝非技术层面的方式问题，而是与国家民族命运息息相关。对此，身处其中的男女老幼，或多或少难免都要去面对、去思考，在中国这样一个文明底蕴深厚的泱泱大国，在生死存亡的紧要关头，该向何处去？两个同龄少年几乎同时树立的远大梦想，事后看来，有着不同寻常的深切意味。这是因为，他们对于生长着的中国感情至深，随后都成为举世瞩目的世界伟人；但他们一个是中国人，一个是美国人，一个是坚定的马克思主义者，一个是虔诚的基督教徒；他们对于中国的复兴之路，有着迥然不同的构想，也都毕其一生去追寻。在经过数十年的追寻之后，他们少年的梦想，一个历经坎坷最终实现，一个千回百转最终落空。个中原因，就蕴藏在他们的选择与行动之中。

这两个少年中的第一个，就是周恩来。他13岁时发出的"为中华之崛起而读书"的铿锵誓言，至今依然回荡在人们的心间。

周恩来生于1898年3月5日。1910年春天，12岁的周恩来离开家乡淮安，随伯父来到东北。

东北地域辽阔，物产丰富，交通便利，北邻俄罗斯，东连朝鲜，与日本隔海相望，近代以来，为各强国控制西太平洋地区必争之地，民族危机格外深重。1896年6月，中俄以"共同防御"日本为目标签订《御敌互相援助条约》（一般称为《中俄密约》），使俄国不费一枪一弹，实际上把中国东北区域变成其势力范围，引发西方列强瓜分中国的狂潮；1900年，八国联军进攻中国时，15万沙俄军队借机强行占领东北的几乎全部主要城市，血腥屠杀江东六十四屯和海兰泡的中国民众，意欲将东北变成"黄俄罗斯"，激起席卷中国各地的拒俄运动；1904年至1905年，日本和沙俄为争夺对东北的控制权，在中国进行了为时1年零7个月的"日俄战争"，东北人民遭到涂炭，中国主权遭受严重践踏；1910年，日本军国主义正式吞并中国的邻邦朝鲜，觊觎东北之心路人皆知。同年秋天，少年周恩来入奉天第六两等小学堂读书。在学校里，老师经常向学生讲述时局的危急和历代民族英雄的故事；课下到同学家做客时，也曾目睹日俄战争的遗迹，听老人讲述日俄军队屠杀无辜平民的惨况，内心受到强烈的刺激。他时刻关心国事，养成了每天必读《盛京时报》的习惯，形成了强烈的爱国主义、关心民众疾苦的真挚情怀。一次，课上老师问学生读书是为了什么，有的同学说是为了帮父母记账，有的说是为了谋个人的前途，周恩来则坚定地说：为中华之崛起而读书！"为中华之崛起而读书"的高远追求，一直伴随着周恩来读书求学的岁月。1917年他从南开学校毕业时，给同学写下的临别赠言是"愿相会于中华腾飞世界时"。

就在少年周恩来立下"为中华之崛起而读书"的人生志向的同时，与他同龄的一位美国少年也将"拯救中国"作为自己的使命。这位美国少年就是后来以创办《时代》周刊、《生活》画报和《财富》杂志而闻名于世的亨利·鲁斯。

1898年4月3日，亨利·鲁斯出生于中国山东登州[①]，其父母是美国传教士。父亲鲁思义后来曾先后担任齐鲁大学、燕京大学副校长。鲁斯出生之时，正值西方列强瓜分狂潮席卷中国大地，中国的政治衰微、社会动荡、民不聊生。而地球另一端的美国，则正在迅速崛起，美西战争获胜，经济总量跃居世界第一。两相比较，鲁思义等美国传教士将美国理想化为人间天堂，坚信中国的出路在于走美国式的发展道路。在父母的潜移默化影响下，鲁斯形成了其特有的中国情结。一方面，他深爱生长于斯的中国。当有人问他故乡在哪里时，他唯一的答案是：中国登州。他后来满怀思乡之情地回忆道：我自幼生长的这个地方，在我看来，即使到现在也还是地球上最美丽的地方，那里山脊蜿蜒入海。德皇威廉二世称她是皇冠上最美丽的明珠。基于对中国的感情，他对中国人受到外国人的欺侮深感愤慨。他目睹了德国人粗暴地用手杖打车夫们赤裸的脊背，也看到过英国人吝啬、盛气凌人地对待车夫的样子：在坐了很长一段路的车之后，他们只付给车夫最低限度甚至更少的车钱，然后不可一世地走开。在他的眼中，美国人是例外，因为美国人不打车夫，也不吝啬，总是多付车钱。因此，他自幼坚信美国人来到山东，如其先祖在200多年前到达美洲，是上帝的旨意。[②]显然，鲁斯对中国的情感，在很大程度上表现出一种浓厚的"救世主"意识和优越感。1912年，带着以美国模式改造中国才能救中国于水火的懵懂信念，鲁斯踏上归国求学之路。离别之际，他赋诗咏怀：别了，港湾停泊的船舶，还有昔日上海滩边那古老的布帆。何时再重逢，就在金秋十月，雪花漫天飞舞时。[③]

---

① 今蓬莱。

② John K. Jessup, *The Ideas of Henry Luce.* New York：Atheneum, 1969：376-379.

③ *Luce and His Empire.* New York：Scribner's, 1972：57.

从耶鲁大学毕业后，鲁斯创办《时代》周刊，在迅速取得巨大成功后，进而创办《生活》画报和《财富》杂志，成为对公众舆论与美国政策能够产生巨大影响的媒体帝国掌控人。芝加哥大学前校长罗伯特·哈金斯（Robert Hutchins）在总结鲁斯的一生后称：鲁斯和他的杂志对美国人的影响"比整个教育体系加在一起的影响还要大"。美国前总统尼克松认为，鲁斯"对世界的影响要比许多国家的领袖大得多"[①]。在取得巨大成功之后，鲁斯将目光转向中国。他曾如此表白心迹："我热爱中国，但我对其并不存幻想。那些有钱的观光客和像杜威、罗素这样的大学问家根本不能了解，中国文明正在极速腐烂、毁灭。他们只看到了这个可爱的古老文明的外在形式，但是民族内在的动力已消失了。'我们要建设一个新中国'，这是孙中山和后来的蒋介石领导下的革命者提出的口号，同时也是共产党用来争取民心的手段。"[②]作为虔诚的基督教徒，鲁斯认为，这个正在毁灭的文明要想自救，一方面必须发掘而不是摒弃传统文明，另一方面只有基督教、美国民主能够救中国。他深知自己所掌握的媒体力量有多大，力图通过他掌控的媒体，推动中国走上美国式发展道路。

鲁斯深信，只有强有力的大人物才能改变历史、改变社会。因此，在20世纪20年代，《时代》周刊取得广泛关注后不久，他便把目光投向中国，相继介绍了吴佩孚、蒋介石、白崇禧和冯玉祥等风云人物。当然，除了蒋介石，其他人都如昙花一现。

作为一名极端虔诚的基督教长老会信徒，鲁斯在意识形态上与共产主义格格不入。1927年4月12日，蒋介石在上海发动政变，大肆屠杀中国共产党人，结束了1924年1月开始的国共两党合作的局面。四一二反革命政变后，蒋介石立即全面反苏，同时以解决南京事件为契机，向美国政府"深示歉

---

① ［美］理查德·尼克松著：《领导者》，尤勰、施燕华等译，世界知识出版社1983年版，第3页。

② Kobler, John. Luce：His Time, Life and Fortune（M）. Garden City, NY：Doubleday, 1968：28.

意"，允诺"担任充分赔偿"，几乎接受了美方的全部要求①。此后，蒋介石在派系林立的国民党内独占鳌头，并于1928年12月29日，以张学良宣布东北易帜、归附南京政府为标志，在名义上统一了全国，成为中国政坛上举足轻重的人物。尤其重要的是，蒋介石在1931年正式接受洗礼，成为基督教卫理公会的信徒。这样，亲美、握有实权、基督教信徒，多种角色集于蒋介石一身，令鲁斯激动不已。蒋介石拥有巨大的政治和军事力量，同时信仰基督教，正是鲁斯所期待的以美国模式改造中国的理想人选。

西安事变的爆发，推动鲁斯下定决心全力支持蒋介石。1936年12月21日，《时代》周刊首次报道西安事变，强调蒋介石是"东亚最强有力的人"，绑架他的张学良曾经吸鸦片上瘾，而且有亲共思想。令鲁斯深感振奋的是，蒋介石在12月25日圣诞节获释，其意义非凡。而获释后的蒋介石不断阐发基督信念对他渡过难关的重要帮助，把自己的受难与耶稣受难相提并论，俨然以中国的救世主自居。蒋介石的这些表白，使鲁斯深感蒋介石是"虔诚的基督徒"，决意给予蒋介石无条件的支持。

鲁斯对蒋介石的支持，对中国走上美国式发展道路的期待，归根结底服务于美国的利益。1941年，鲁斯写出了著名的《美国世纪》一文，强调20世纪"是我们的世纪"，"这不仅是因为我们生活在这个世纪，而是因为这是美国在世界上第一次可以发挥最主要影响的世纪"②。他从美国的科学先进和工业发达，引证20世纪将是一个"革命的世纪"，民主的试验在美国已有基础，人民已经享受到空前的政治和经济自由，因此美国人不应该"独善其身"，应该"兼善天下"，应该有世界眼光，要以圣经上救世济人的精神去帮助其他国家发展。鲁斯呼吁："我们每个人都应该尽最大的努力，以这种精神，以最宽大的视野创造出第一个伟大的美国世纪。"③作为一名虔诚的基督

---

① 《国民党政府与美国政府"解决"宁案的换文》，《东方杂志》，1928年第二十五卷七期。

② Jessup, John K. *The Ideas of Henry Luce* (M). New York：Atheneum, 1969：115.

③ Jessup, John K. *The Ideas of Henry Luce* (M). New York：Atheneum, 1969：120.

徒和美国至上论者，鲁斯坚信，传播基督福音、实现"美国世纪"，就是作"正确的价值判断"，就是实现"真理"。

在鲁斯看来，中国在其"美国世纪"的构想中具有不可忽视的战略价值。1943年，鲁斯提出了一个更详尽的战后世纪新计划，并取名为"世界之重组"。正如其父亲鲁思义那一代传教士试图将他们的基督上帝强加给中国一样，鲁斯在文中提出美国应该给世界其他国家提供一个模式，美国的经济模式、社会形态和文化观念应该输送到世界其他国家。这其中当然包括中国。鲁斯认为，凭借美国的财富、慷慨和先进技术，美国有按照自己的模式重建世界的义务。在这个计划中，鲁斯期待美国与中国合作，领导亚洲进入"伟大的中华文明复兴"的新时代。①

在少年鲁斯历经归国读书、毕业创业进而成为世界媒体大王的同时，少年周恩来也从南开学校毕业，经过赴日本留学、参加五四运动、赴欧洲勤工俭学而选择了接受马克思主义，成为中国共产党的主要领导者。

1945年10月8日，在张治中将军为毛泽东举办的晚会上，这两位当年对中国未来怀抱着不同梦想的少年，在30多年各自奋斗并都取得了巨大成功后终于相遇，并"进行了愉快的谈话"。鲁斯回忆，周恩来"从我们坐下的那一刻起就是绝对的坦诚。他说我们最近对他们可不太友好。我说那太糟了，原因是我们与世界范围的左翼宣传进行着世界范围的斗争，而且这场斗争像臭鼬一样臭不可闻。在我的要求下，他答应帮助我与山东境内的共产党取得联系"②。

时隔一年以后的1946年10月底，鲁斯再次访华，并专门安排了与周恩来的会谈。谈话中，周恩来依然是坦诚儒雅，同时更多了自信。20年后鲁斯在

---

① Henry R. Luce, memorandum to the Policy Committee, November 3, 1943, in the papers of Raymond Leslie Buell, carton 15.

② Neils, Patricia, *China Images in the Life and Times of Henry Luce*. Savage, MD: Rowman, 1990: 165.

回忆这次会面时说：周恩来诙谐幽默，充满自信，话里话外的意思是共产党会很快夺取全中国，令鲁斯"不寒而栗"。这次访华即将结束时，所见所闻，鲁斯深感到周恩来所言不虚："事实证明中国共产党1949年从国民党手中接管中国大陆。但我总记不住这个时间，因为在我内心，中国共产党在1946年马歇尔调停失败时就赢了。"①

实际上，在世界反法西斯战争所引发的世界格局重组时代大背景下，中国的一举一动，都与美国的利益息息相关，深信中国只有沿着美国式发展道路前进才有未来，也就并非只有鲁斯一人。美国总统罗斯福深信："中国将来之伟大，非任何方所能支配。"无论是从对日作战的目标出发，还是为了建立长远的战后远东政治新秩序，美国均希望中国能够成为美国在东亚地区的强有力的合作伙伴，不仅在战时承担抗击日本的重任，而且在战后与美国一起，重建亚洲新秩序。为使中国成为大国，1943年1月，经过近两年的谈判，《中美关于取消美国在华治外法权及处理有关问题条约》和《中英条约》正式颁布，废除了美国和英国在华的领事裁判权、北平使馆界内的行政与管理权、租界的行政与管理权、租界内的特别法庭、外国领水使用权、军舰在中国领水行驶权、海关总税务司任用权、沿海贸易与内河航行权等有损中国主权的特权，中国由此成为国际社会平等的一员。众所周知，100多年来，饱经列强凌辱的中国人，一直在为中华民族的独立、平等、自由而苦苦追求，上下求索，一朝美梦成真，中国人的喜悦之情可想而知。中国报界欢呼这项条约是结束了100年来的耻辱，是实现了国民革命的目标。蒋介石在条约签字之际发表《告中国军民书》，表示"我国自清季开始与列强订立不平等条约以来，到了去年（1942年），正是百周年，我们中华民族，经五十年的革命流血，五年半的抗战牺牲，乃使不平等条约百周年的沉痛历史，改变为不平等条约撤废的光荣纪录。这不仅是我们中华民族在历史上，为起死回生

---

① Jessup, John K. *The Ideas of Henry Luce* (M). New York：Atheneum, 1969：205-206.

最重要的一页，而亦是英、美各友邦对世界，对人类的平等、自由，建立了一座光明的灯塔，尤其是我们同盟联合各国，证明了此次战争的目的所在，是为人道、为正义而作战的事实，他们这个举动，不仅是增加了我们同盟国战斗的力量，尤其对侵略各国在精神上给予他们以最大的打击"①。

同年底，罗斯福不顾英、苏的压力与不满力邀蒋介石参加开罗会议。会议期间，罗斯福明确表示，中国应当成为四大国之一，平等地参与四大国集团及其全部决议。在与蒋介石多次私下密谈中，广泛地讨论了关于日本皇室存废的问题，关于军事占领日本问题，关于日本对华赔偿问题，关于中国收复失地问题，关于中美军事合作问题，关于朝鲜、越南、泰国的地位问题，关于战后对华经济援助问题，关于外蒙古（今蒙古国）、唐努乌梁海问题，关于设立统一指挥部问题、中国建立联合政府问题、英国在香港和广州的权利问题、美国军舰在未来使用中国港口问题，以及马来西亚、缅甸、印度的地位问题。双方约定，有关亚洲的事务，中美双方先有会商。通过开罗会议，中国的国际地位得到迅速提高。对此，蒋介石深感满意。11月26日，蒋介石委托宋美龄致信罗斯福，表示："委员长要我告诉您，他对您为中国所做的和正做的一切是多么感激。今日下午他向您告别时简直找不到言辞表达他的感情和心情，无法充分感谢您的友情。虽然他知道不久又会与您会晤，但在辞别您时仍感到似乎还在渴望什么。同时他希望您把他当作一个可以信赖的朋友……"②开罗公报发表后，蒋介石于12月5日再次给罗斯福发来一封信，写道："自余等返国后，开罗公报业经公布，其提高民心与士气之效果，均即迅速显示，而事实上全国皆一致庆祝该会议为一真实之标志，足以领导远东以迄于战后和平，此种明显之程度，实为以往所未见。"③

---

① 张其昀主编：《先总统蒋公全集》第三册，台湾中国文化大学出版部1984年版，第3230页。

② ［美］赫伯特·菲斯著：《中国的纠葛》，林海等译，北京大学出版社1989年版，第124页。

③ 秦孝仪主编：《中华民国重要史料初编——对日抗战时期》第三编《战时外交》（三），（台湾）中国国民党中央委员会党史委员会1981年编印，第553页。

1945年4月25日，代表联合国创立的旧金山会议召开。会议期间，中国代表团十分活跃，不仅注意尊重小国的意见，斡旋调解大国间的分歧，而且在讨论各项重大问题时能够坚持独立的立场，体现了大国的尊严，获得了各国代表的好评。《大公报》在评论中国代表团的表现时说："我国在旧金山会议中的态度，与外间忖测的——中国将盲目的拥护美国——恰恰相反，我国对英美苏的意见，同样采取独立的观点"，"造成了良好的印象"，"许多外国观察家对于一个强大进步的中国，实为不可缺少的安定力量的信念，已愈形加强了"。[①]6月25日，经过与会50个国家两个月的讨论协商，一致通过了《联合国宪章》和《国际法院规约》。大会指导委员会以中国抵抗侵略最早，特准中国为签署《联合国宪章》第一国。以此为标志，中国的国际地位在近代以来达到了一个前所未有的新高度。

然而，当我们翻开历史的另一面，真相便更加清晰地呈现在我们眼前。在紧随开罗会议召开的德黑兰会议上，为推动苏联在欧洲战场结束后参加对日作战，罗斯福主动提出将大连设立为国际自由港，这样苏联就能够在东北亚拥有通往太平洋的不冻出海口。不仅如此，罗斯福还与斯大林讨论了中国东北地区的中东、南满铁路以及当时为日本占据的库页岛和千岛群岛的归属等问题。显然，在开罗会议上，罗斯福将中国当作合作伙伴予以高度重视，而在随后召开的没有中国参加的德黑兰会议上，中国的主权与利益却成为美国与苏联合作的筹码。如此巨大的反差，折射出以美国利益为中心的单边主义实质。这一幕，在一年多以后更加清晰地呈现出来。

为确保苏联出兵对日作战，1945年2月11日，罗斯福、丘吉尔、斯大林秘密签订《苏联出兵对日作战条件协定》（俗称《雅尔塔协定》），不仅明确"外蒙古（今蒙古国）的现状须予维持"，而且赤裸裸地表示"由日本一九〇四年背信弃义进攻所破坏的俄国以前权益须予恢复"。协定规定：库页岛南部

---

① 《大公报》1945年5月1日。

及邻近一切岛屿须交还苏联；大连商港须国际化，苏联在该港的优越权益须予保证，苏联之租用旅顺港为海军基地也须予恢复；对担任通往大连之出路的中东铁路和南满铁路，应设立一苏中合办的公司以共同经营之，苏联的优越权益须予保证，中国须保持在满洲的全部主权；千岛群岛须交予苏联。[①]这一协定中的诸多条款，涉及中国的领土和主权，但协定签署之时，并无中国代表在场，事后也未及时通报中国。《雅尔塔协定》极大地损害了中国的领土完整、国家主权和民族尊严，成为现代中国历史上难以回首的一页。旧金山会议期间，中国政府获悉了《雅尔塔协定》的具体内容。正是在这样的背景下，原本已赴旧金山的外交部长宋子文将旧金山会议首席代表的重任委托给顾维钧，而全力投入对美苏的外交斡旋之中。在顾维钧代表中国第一个签署《联合国宪章》的莫大荣耀背后，是宋子文匆匆离会的慌乱背影。

苏联的参战，固然减轻了美国对日作战的压力，但同时也意味着苏联将在东亚地区发挥更大的影响力，并直接对美国实现其在东亚地区的战略目标构成巨大的威胁。如何避免这种局面出现，保证中国与美国形成战略伙伴关系，成为美国应对苏联参加对日作战可能产生影响的主要目标。因此，在雅尔塔会议召开之前，美国进一步明确了它的对华政策目标："美国对华的长远政策是基于这种信念，即远东地区和平与安全的基本条件是使中国成为该地区的主要稳定因素。"然而不言而喻的是，要想使中国成为亲美的、与苏联相抗衡的国家，它就不能是一个共产党执政的国家。而就当时的情况而言，这样一个中国也只能是蒋介石的中国。罗斯福曾对赫尔利说，他认为在中国没有任何一个政权、政府或任何领导人能比国民政府和蒋介石给予美国更多的支持与合作。在他看来，若要实现美国战后远东目标，就必须支持蒋介石政权。因此，从遏制苏联的战略角度出发，美国在处理与国共两党关系方面越

[①]《德黑兰、雅尔塔、波茨坦会议记录摘编》，上海人民出版社1974年版，第231—232页。

来越倾向于扶持以蒋介石为首的国民党政府。显然，第二次世界大战后，美国所力图构建的东亚地区政治新秩序，始终以防止苏联控制中国为目标，力图将中国变为遏止苏联共产主义扩张的桥头堡，扶持蒋介石领导的国民党为其必然选择。在战时美苏共同抗击法西斯战争的合作时期如此，在战后美苏冷战帷幕拉开后更加明确。可以说，美国"扶蒋反共"方针，关涉美国的核心利益，这是其一直坚持的根本动因。

在13岁时大声高喊"为中华之崛起而读书"的周恩来，也不是一个人在战斗。经过推陈比较，中国一批先进分子选择了马克思主义，成立了中国共产党。从此，中国人在精神上就由被动转入主动。

抗日战争胜利后，中华民族面临着两种命运、两种前途的道路抉择。在美国以"扶蒋反共"为方针，大规模全面援蒋的不利局面下，中国共产党顺应和平民主的时代潮流，确定"和平、民主、团结"的方针，通过积极参加重庆谈判和政治协商会议，努力争取和平、民主、团结局面的出现。在国民党悍然撕毁政治协商会议决议，发动全面内战后，中国共产党一方面以革命战争迎击反革命战争，在战场上不断扭转不利局面，推动人民解放战争的迅猛发展；同时巩固和扩大共产党领导的人民民主统一战线，有力推动民主党派朝着新民主主义革命的方向转变。1948年1月，施复亮在《观察》上发表《论自由主义者的道路》，明确提出："假使中国当前政治斗争的结果，只有两个可能的前途：不是殖民地化的法西斯蒂的前途，便是社会主义革命胜利的前途，那末自由主义者自然只有选择后一个前途而不能有所迟疑。"①与此同时，中国民主同盟一届三中全会政治报告指出，民盟"决不能在是非曲直之间，有中立的态度"，"中间路线"不符合中国的现实环境，是行不通的；民盟必须站在人民的、民主的、革命的立场上，为彻底推翻国民党统治集团、消灭封建土地所有制、驱逐美帝国主义出中国、实现人民的民主而奋斗，明

---

① 施复亮：《论自由主义者的道路》，《观察》第三卷第二十二期，第4页。

确表示今后要与中国共产党"携手合作"。1948 年 4 月 30 日,中共中央发布"纪念'五一'劳动节口号",呼吁:"各民主党派、各人民团体、各社会贤达迅速召开政治协商会议,讨论并实现召集人民代表大会,成立民主联合政府。"①各民主党派对此纷纷响应,从 1948 年 8 月开始,各民主党派和无党派民主人士陆续摆脱国民党的阻挠,通过各种渠道进入东北、华北解放区,在中国共产党的领导下积极参与筹备召开新政协、建立新中国的工作。1949 年 9 月 21 日,中国人民政治协商会议第一届全体会议在北平正式开幕。参加会议代表共 622 人,分别来自中国共产党和各民主党派、各人民团体、少数民族、海外华侨等各个方面,广泛性、代表性史无前例。这次会议通过了《中国人民政治协商会议组织法》《中国人民政治协商会议共同纲领》和《中华人民共和国中央人民政府组织法》,还选举产生了中国人民政治协商会议第一届全国委员。从此,人民民主专政的政治制度和配套的政权体系,开始在中国熠熠生辉。

此时,少年即树立以美国模式改造中国梦想,并不断为之摇旗呐喊的鲁斯,则不得不吞下失望的苦果。作为虔诚的基督教徒,从意识形态出发,鲁斯与共产主义格格不入,对于中国共产党民主革命胜利,也难以接受,直到去世,依然未能对其改造中国梦想的失败进行深刻反省。但是,历史的发展不以个人的意志为转移。作为基督教传教士的子女,鲁斯实际上并不了解中华文明生生不息的深厚底蕴,也不了解中国民众的真正需求,更无法理解中国历史和人民选择的历史逻辑。这样的人,何止鲁斯一人?经历近代以来血与火考验的中华民族,在前赴后继的不懈追求中,在坚守中华民族优秀传统文化、吸收借鉴人类文明优秀成果的过程中,选择和接受了马克思主义,并在具体实践中不断焕发新的生机和活力,为中华民族伟大复兴奠定了坚实的文化根基。正如毛泽东所说:"从这时起,近代

---

① 《中共中央文件选集》第 17 册,中共中央党校出版社 1992 年版,第 146 页。

世界历史上那种看不起中国人，看不起中国文化的时代应当完结了。伟大的胜利的中国人民解放战争和人民大革命，已经复兴了并正在复兴着伟大的中国人民的文化。这种中国人民的文化，就其精神方面来说，已经超过了整个资本主义的世界。"对此，美国驻华大使司徒雷登有着比鲁斯更为真切的感受，他曾带着明显的惊惧对鲁斯说："知道吗？亨利，这些共产党人的思维根本不像中国人。"

美国在中国的失败，不是偶然的。它始终希望中国成为战略伙伴，在遏制苏联及共产主义的传播中发挥作用。因此，在战后美国的东亚战略规划中，中国扮演着美国对苏战略砝码的角色。在美国看来，中国按照美国模式进行改革，建立蒋介石领导的、容纳各党派在内的民主政府是最理想的结局。不过，美国的首要目标是遏制苏联及共产主义的传播，防止中国成为苏联的战略伙伴，因此，对蒋介石的支持实际上是无条件的。显然，美国从一开始就没有扮演公正"协调人"的角色，而是处处从维护自身利益和意识形态的立场出发。因此，它介入中国内政的举动，不可避免地损害中华民族的利益，在实质上成为对中国内政的粗暴干涉，不仅无法实现消弭战争的目的，反而造成中国政治形成难以解开的错综复杂的死结，使中国的国共内争与国际上的冷战紧密相连。

同样的道理，中国共产党领导的新民主主义革命的胜利，也是必然的。道路的选择决定着前途与命运。中华民族之所以能够浴火重生，关键在于中国共产党能够将马克思主义与中国具体实际和中国传统文化相结合，以为中国人民谋幸福、为中华民族谋复兴为己任，与中国人民共同奋斗，最终实现了民族独立、人民解放，实现了中国从几千年封建专制政治向人民民主的伟大飞跃。

二、两位伟人的心愿

实现国家富强、人民富裕，是中国共产党人矢志追求的奋斗目标，自中国共产党成立之日起，从未停止追寻的脚步。

早在1921年6月，陈独秀就在《共产党》月刊第五号发文指出："我们共产党在中国有两大使命：一是经济的使命，一是政治的使命。"[①]土地革命战争时期，中国共产党将发展经济、改善民生的重点放在解决土地分配问题和发展农业生产上。1934年，毛泽东在第二次全国工农兵代表大会上指出："我们的经济建设的中心是发展农业生产，发展工业生产，发展对外贸易和发展合作社"，而"在目前的条件之下，农业生产是我们经济建设工作的第一位"。[②]中央临时政府成立后，提出了恢复和发展农业生产的任务，号召农民开垦荒田，兴修水利。由于采取了有力的措施，根据地的农业生产恢复并发展起来。"一九三三年，中央根据地的农业生产比一九三二年增加了百分之十五，闽浙赣区增加了百分之二十。"[③]抗日战争时期，毛泽东在《抗日时期的经济问题和财政问题》中指出："我们一方面取之于民，一方面就要使人民经济有所增长，有所补充。"[④]为发展经济、改善民生，陕甘宁边区开展了轰轰烈烈的大生产运动，努力"组织人民、领导人民、帮助人民发展生产，增加他们的物质福利，并在这个基础上一步一步地提高他们的政治觉悟与文化程度"[⑤]。解放战争时期，随着革命形势的发展，解放区的扩大，中国共产党得

[①] 中国社会科学院现代史研究室、中国革命博物馆党史研究室选编：《"一大"前后、中国共产党第一次代表大会前后资料选编》（一），人民出版社1980年版，第54页。

[②]《毛泽东选集》第一卷，人民出版社1991年版，第130、131页。

[③]《中央革命根据地史》，人民出版社1986年版，第436页。

[④]《毛泽东选集》第三卷，人民出版社1991年版，第893页。

[⑤]《毛泽东文集》第二卷，人民出版社1993年版，第467页。

到了越来越多的大城市和中等城市，并掌握了这些城市的经济。如何协调城乡发展，以利于革命的发展，是摆在共产党人面前的一个新课题。对此，毛泽东强调，不管在什么时候，"城乡必须兼顾，必须使城市工作和乡村工作，使工人和农民，使工业和农业，紧密地联系起来"①。他要求各解放区"不要因为领导土地改革工作和农业生产工作，而忽视或放松对于城市工作和工业生产工作的领导"②，也"决不可以丢掉乡村，仅顾城市"③。

中华人民共和国成立以后，以毛泽东为代表的中国共产党人将建设人民当家作主的社会主义现代化强国作为自身使命，努力通过工业化和四个现代化实现伟大梦想。

中国共产党人在思考社会主义现代化目标时，最早是将工业化作为最重要的甚至是唯一目标来追求。

1949年，民主革命胜利在望。在党的七届二中全会上，毛泽东强调在革命胜利以后"使中国稳步地由农业国转变为工业国，把中国建设成一个伟大的社会主义国家"④的战略构想。在这次会议上，毛泽东还首次使用了"现代化"一词。他说，随着新民主主义革命的胜利，古代的封建土地所有制已经被我们废除了，或者即将被废除，我们已经"取得了或者即将取得使我们的农业和手工业逐步地向着现代化发展的可能性"，"占国民经济总产值百分之九十的分散的个体的农业经济和手工业经济，是可能和必须谨慎地、逐步地而又积极地引导它们向着现代化和集体化的方向发展的"⑤。

中华人民共和国成立前后，中国共产党进一步深化对工业化重要性的认识。在1953年3月《解决"五多"问题》一文中，毛泽东表达了我国的农业

---

① 《毛泽东选集》第四卷，人民出版社1991年版，第1427页。

② 《毛泽东选集》第四卷，人民出版社1991年版，第1333页。

③ 《毛泽东选集》第四卷，人民出版社1991年版，第1427页。

④ 《毛泽东选集》第四卷，人民出版社1991年版，第1437页。

⑤ 《毛泽东选集》第四卷，人民出版社1991年版，第1430—1432页。

应当从"使用旧式工具的分散的小农经济"转向"使用机器的集体化的农业"[①]的思想。经过中华人民共和国成立后3年的恢复和发展，到1953年年底，毛泽东开始着手考虑国家的工业化建设，将实现工业化作为党的过渡时期的总路线和总任务，提出："从中华人民共和国成立，到社会主义改造基本完成，这是一个过渡时期。党在这个过渡时期的总路线和总任务，是要在一个相当长的时期内，逐步实现国家的社会主义工业化，并逐步实现国家对农业、对手工业和对资本主义工商业的社会主义改造。"[②]过渡时期总路线从社会主义工业化和社会主义改造两个方面拉开了中国社会主义现代化建设的序幕。

在中国这样落后的国家实现工业化，应当采取怎样的方针，通过怎样的途径，这是摆在以毛泽东为代表的党的第一代领导集体面前的首要问题。经过反复比较和论证西方资本主义国家的工业化道路和社会主义国家苏联的工业化道路，并根据中国所处的世情和国情，党的第一代领导集体选择了优先发展重工业的方针。1953年6月，毛泽东在全国财经会议上指出：为了保证国家的独立，我们在编制五年计划时要把建设重点放在重工业上，以增强国防力量，向社会主义前进。他在过渡时期总路线宣传提纲中也指出：实现国家社会主义工业化的中心环节是发展国家的重工业，以建立国家工业化和国防现代化的基础。当然，优先发展重工业，决不意味着忽视其他事业的发展。1952年12月22日中共中央发出《关于编制一九五三年计划及长期计划纲要的指示》，明确指出：要"集中力量保证重工业的建设"，但"决不能理解为可以忽视轻工业的发展、农业和地方工业的发展、贸易合作事业和运输事业的发展及文化教育卫生事业的发展，以至放松对这些事业的领导。如果那样，显然也是错误的"[③]。

在实现现代化的战略步骤上，1955年3月，中国共产党召开全国代表会

---

① 《毛泽东文集》第六卷，人民出版社1999年版，第273页。

② 《毛泽东文集》第六卷，人民出版社1999年版，第316页。

③ 《建国以来重要文献选编》第三册，中央文献出版社1992年版，第450页。

议，在会议开幕词中，毛泽东向全党提出在大约三个五年计划内实现过渡时期总路线中提出的总任务，在大约几十年内把中国建设成为一个强大的高度社会主义工业化的国家的宏伟奋斗目标。他说："我们现在是处在新的历史时期。一个六万万人口的东方国家举行社会主义革命，要在这个国家里改变历史方向和国家面貌，要在大约三个五年计划期间内使国家基本上工业化，并且要对农业、手工业和资本主义工商业完成社会主义改造，要在大约几十年内追上或赶过世界上最强大的资本主义国家，这是决不会不遇到困难的，如同我们在民主革命时期所曾经遇到过的许多困难那样，也许还会要遇到比过去更大的困难。但是……只要我们更多地懂得马克思列宁主义，更多地懂得自然科学，一句话，更多地懂得客观世界的规律，少犯主观主义错误，我们的革命工作和建设工作，是一定能够达到目的的。"①关于实现国家工业化所需要的时间，毛泽东做了两个估计：一个是实现初步工业化的时间，另一个是接近或赶上世界上工业最发达国家的时间。他写道："在我们这样一个大国里面，情况是复杂的，国民经济原来又很落后，要建成社会主义社会，并不是轻而易举的事。我们可能要经过三个五年计划建成社会主义社会，但要建成为一个强大的高度社会主义工业化的国家，就需要有几十年的艰苦努力，比如说，要有五十年的时间，即本世纪的整个下半世纪。"②这是毛泽东当年思考的中国社会主义现代化建设分两步走的构想：第一步，用三个五年计划的时间实现初步工业化；第二步，再用几十年的时间接近或赶上世界最发达的资本主义国家。

在以工业化为重点追寻社会主义现代化的过程中，中国共产党对现代化的理解逐步加深。从1953年开始，现代化的概念经常出现在毛泽东、周恩来等领导人的讲话中。

---

① 《毛泽东文集》第六卷，人民出版社1999年版，第392—393页。

② 《毛泽东文集》第六卷，人民出版社1999年版，第390页。

1953年毛泽东在一次谈话中，提出了"现代化"的发展目标，他说："青年团要学会领导青年，和成年人一道，在农村把农业搞好，在城市把工业搞好，在学校把学习搞好，在机关把工作做好，在军队把国防军练好，成为现代化军队。"[①]1954年，在全国人大一届一次会议的开幕词中，毛泽东把"工业化"与"现代文化"并列入社会主义的目标中："我国人民应当努力工作，努力学习苏联和各兄弟国家的先进经验，老老实实，勤勤恳恳，互勉互助，力戒任何的虚夸和骄傲，准备在几个五年计划之内，将我们现在这样一个经济上文化上落后的国家，建设成为一个工业化的具有高度现代文化程度的伟大的国家。"[②]在这次会议上，周恩来第一次提出四个现代化的主张，他说："如果我们不建设起强大的现代化的工业、现代化的农业、现代化的交通运输业和现代化的国防，我们就不能摆脱落后和贫困，我们的革命就不能达到目的。"[③]这样的观点在中共八大党章的总纲部分也提出过。1955年3月，在党的全国代表会议的开幕词中，毛泽东又将"社会主义工业化"与"现代化国防"并提。1956年，党的八大又进一步提出，我国生产资料所有制的社会主义改造已基本完成，国内的主要矛盾已不是工人阶级和资产阶级的矛盾，而是人民对经济文化迅速发展的需要同当前经济不能满足人民需要的状况之间的矛盾。全国人民的主要任务是团结一切可能团结的力量，集中力量发展生产力，实现国家工业化，逐步满足人民日益增长的物质和文化的需要，为建设一个伟大的社会主义中国而奋斗。

中华人民共和国成立初期，中国共产党对"工业化"和"现代化"是分开来提的，直到1957年，毛泽东才将两者的含义等同起来，使"现代化"的含义有了发展。

1957年2月，在《关于正确处理人民内部矛盾的问题》的讲话中，毛泽

---

① 《毛泽东文集》第六卷，人民出版社1999年版，第276—277页。

② 《毛泽东文集》第六卷，人民出版社1999年版，第350页。

③ 《周恩来选集》下卷，人民出版社1984年版，第132页。

东提出：今后党和人民的主要任务是正确处理人民内部矛盾，以便团结全国各族人民进行一场新的战争——向自然开战，"将我国建设成为一个具有现代工业、现代农业和现代科学文化的社会主义国家"。同年3月，毛泽东提出"建设一个具有现代工业、现代农业和现代科学文化的社会主义国家"①。1957年，毛泽东开始用"现代工业"或"现代化工业"代替"工业化"的提法。如在《一九五七年夏季的形势》一文中，毛泽东提出："我们的目标，是想造成一个又有集中又有民主，又有纪律又有自由，又有统一意志、又有个人心情舒畅、生动活泼，那样一种政治局面，以利于社会主义革命和社会主义建设，较易于克服困难，较快地建设我国的现代工业和现代农业，党和国家较为巩固，较为能够经受风险。"②"必须懂得，在我国建立一个现代化的工业基础和现代化的农业基础，从现在起，还要十年至十五年。"③在同年的八届三中全会上，尽管毛泽东将无产阶级和资产阶级的矛盾、社会主义道路同资本主义道路的矛盾作为当前社会的主要矛盾提出，但并没有否定工业化的社会发展目标。并且正是在这次会议上，毛泽东将"工业化"与"现代化"的概念等同起来使用，他指出："讲到农业与工业的关系，当然，以重工业为中心，优先发展重工业，这一条毫无问题，毫不动摇。但是在这个条件下，必须实行工业与农业同时并举，逐步建立现代化的工业和现代化的农业。过去我们经常讲把我国建成一个工业国，其实也包括了农业的现代化。"④在这里，毛泽东将工业化和现代化理解为相同含义，初步明确了过去提出的工业化道路即现代化道路。

那么，工业化的标准是什么呢？中华人民共和国成立之初，毛泽东等党的领导人采用斯大林提出的工业化率的工业化标准，即按照工业总产值在工

---

① 《毛泽东文集》第七卷，人民出版社1999年版，第268页。

② 《毛泽东选集》第五卷，人民出版社1977年版，第456—457页。

③ 《毛泽东选集》第五卷，人民出版社1977年版，第462页。

④ 《毛泽东选集》第五卷，人民出版社1977年版，第472页。

农业总产值中的比重超过农业总产值为标准来设计国家工业化。1953年6月，毛泽东在谈话中指出，国家工业化，就是工业产值与农业产值之比是七比三。1954年5月，李富春在第二次全国宣传工作会议上所作的《关于社会主义工业化问题的报告》也指出，实现社会主义工业化的标志，从数量上看，是社会主义工业产值占工农业总产值的60%左右；从质量上看，要有独立的工业体系和农业相应的协调发展。①毛泽东对工业化的标准的认识是不断深化的。1959年年底，毛泽东在读苏联《政治经济学教科书》时谈道："苏联在第一个五年计划完成以后，大工业总产值占工农业总产值的百分之七十，就宣布实现了工业化。根据统计，我国一九五八年工业总产值占工农业总产值的百分之六十六点六；一九五九年计划完成后，估计一定会超过百分之七十。即使这样，我们还可以不宣布实现了工业化。我们还有五亿多农民从事农业生产。如果现在就宣布实现了工业化，不仅不能确切地反映我国国民经济的实际状况，而且可能由此产生松劲情绪。"②这表明，毛泽东等在追求现代化发展目标时，已把工业化的实现标志确定为建立独立完整的工业体系。同时也表明，毛泽东对工业化有了新的思考：虽然工业化是现代化的重要指标，但现代化并不是单一的工业化，即使实现了国家工业化也不一定就能实现国家现代化，更不能说已经实现了社会的全面发展。从此，实现"四个现代化"的问题逐步成为毛泽东思考的重大问题。

1959年12月，毛泽东在读苏联《政治经济学教科书》后的谈话中，第一次完整地表述了四个现代化的思想："建设社会主义，原来要求是工业现代化，农业现代化，科学文化现代化，现在要加上国防现代化。"③这是对"四个现代化"比较成熟的、完整的提法。

1964年12月，根据毛泽东的建议，周恩来在三届人大一次会议上正式提

---

① 《中华人民共和国国民经济和社会发展大事辑要（1949—1985）》，红旗出版社1987年版，第54页。

② 《毛泽东文集》第八卷，人民出版社1999年版，第125页。

③ 《毛泽东文集》第八卷，人民出版社1999年版，第116页。

出了"四个现代化"的宏伟目标。他在《政府工作报告》中指出,全国人民要努力奋斗,把我国逐步建设成为一个具有现代农业、现代工业、现代国防和现代科学技术的社会主义强国,赶上和超过世界先进水平。这是中国共产党关于实现四个现代化的第一次完整的表述,从此,在中国人民心中树起了一面为社会主义现代化而努力奋斗的旗帜。这一提法虽然包含着全社会范围内实现现代化的意思,但只提"具有"是一个较低的要求,离"全面实现"相去甚远。因此,在1975年年初的四届全国人大一次会议上,周恩来所作的政府工作报告修改了前面的提法,变成"在本世纪内,全面实现农业、工业、国防和科学技术的现代化"。党对社会主义现代化的认识有了发展,这主要反映在"现代化"概念的使用有了规范,"科学技术现代化"被正式提出并占有重要地位。

经过30多年的努力,从1952年到1978年,我国工农业总产值年平均增长率高达8.2%,其中工业年均增长率达到11.2%。1949年时,全民所有制企业约有12万个,到1978年时,这个数字增长到25万个。截至1978年,仅全民所有制企业的固定资产就超过3000亿元,相当于1949年全部工业固定资产的20多倍。1949年我国发电设备能力不到190万千瓦,到1978年已经增加到5000多万千瓦。电子工业、航空工业、造船工业与发达国家的差距在进一步缩小,在发展中国家中名列前茅。中华人民共和国成立前,我国年炼钢能力还不到100万吨,到1979年,年炼钢能力已超过3200万吨,进入世界前列。1949年,我国石油年产量仅12万吨,到1978年,年产量已上升到1亿吨左右。1949年硫酸、纯碱、烧碱等三种基本化工产品的产量分别为4万吨、8.8万吨和1.5万吨,1978年已分别达到660万吨、130万吨和160万吨。与人民生活直接相关的行业也有较快发展。棉纺纱锭1949年只有500多万枚,到1978年已经达到1500多万枚。1978年机器制糖的产量为220多万吨,相当于是解放初期产量的11倍。国家还新建、扩建了一批自行车、缝纫机等消费品工厂,1978年自行车年产量是解放前的600多倍。工业的发展,使国民经济的构成发生了显著变化。1949年，工业总产值只占工农业总产值的30%。而在1978年，工业总产值达到4200多亿元，在工农业总产值中，比重超过70%。经过30年的建设，到改革开放前夕，我国工业门类齐全，终于形成了一个比较完整的体系。30年间，国家非常重视科研、教育、文化、卫生事业。在这期间，我国新建大学近400所，新建中学和中等专业学校近16万所、小学60多万所。新建医院6万多所，病床数量超过180万张。1949年，我国人均预期寿命仅为35岁，1975年男性已提高到65.34岁，女性已提高到67.08岁。在尖端科技领域，我国在1964年和1967年分别成功爆炸了原子弹和氢弹，在1970年成功发射了第一枚中远程导弹，这些成果保卫了国家的安全。

面对这些在艰苦环境下作出的成就，邓小平颇有意味地指出："我们能在今天的国际环境中着手进行四个现代化建设，不能不铭记毛泽东同志的功绩。"[1]

在社会主义现代化建设的基础上，针对"四人帮"的"穷社会主义"谬论，邓小平指出："社会主义制度优越性的根本表现，就是能够允许社会生产力以旧社会所没有的速度迅速发展，使人民不断增长的物质文化生活需要能够逐步得到满足。"[2]1978年12月，党的十一届三中全会作出把党和国家工作重点转移到社会主义现代化建设上来的战略决策，邓小平一再强调，经济建设是全国人民的中心任务，是最大的政治，其他一切工作都要服从和服务于这个中心。将坚持社会主义与发展生产力联系起来，是真正坚持了马克思主义的基本观点。1979年，他指出："我们革命的目的就是解放生产力，发展生产力。离开了生产力的发展、国家的富强、人民生活的改善，革命就是空的。"[3]改革开放开启了中国特色社会主义现代化建设新征程。1980年4月至5

---

[1]《邓小平文选》第二卷，人民出版社1994年版，第172页。

[2]《邓小平文选》第二卷，人民出版社1994年版，第128页。

[3]《邓小平文选》第二卷，人民出版社1994年版，第231页。

月，邓小平围绕解放生产力、发展生产力，对什么是社会主义、怎样建设社会主义作了大量论述，并正式使用了"社会主义的本质"一词。他指出："社会主义是一个很好的名词，但是如果搞不好，不能正确理解，不能采取正确的政策，那就体现不出社会主义的本质。"①进而他指出："讲社会主义，首先就要使生产力发展，这是主要的。只有这样，才能表明社会主义的优越性。"②1980年，他又说："发挥社会主义的优越性，归根到底是要大幅度发展社会生产力，逐步改善、提高人民的物质生活和精神生活。"③可以看出发展生产力的目标是增强国力、富裕人民。国强民富，正是邓小平现代化思想的起点和归宿。富强作为经济现代化的根本目标，也正是这样被认定的。1982年，邓小平结合我国经济文化落后的实际，再次指出："落后国家建设社会主义，在开始的一段很长时间内生产力水平不如发达的资本主义国家，不可能完全消灭贫穷。所以，社会主义必须大力发展生产力，逐步消灭贫穷，不断提高人民的生活水平。"④这里他进而强调了发展生产力、提高人民生活水平对于落后国家建设社会主义的重要性。

1985年4月，邓小平从社会主义在人类社会发展中所处的历史方位、社会主义与共产主义发展的内在规律的角度，指明了社会主义的根本任务、根本目标和根本原则，就是发展生产力，实现共同富裕。他说："马克思主义的基本原则就是要发展生产力。马克思主义的最高目的就是要实现共产主义，而共产主义是建立在生产力高度发展的基础上的。社会主义是共产主义的第一阶段，是一个很长的历史阶段……从一九五八年到一九七八年这二十年的经验告诉我们：贫穷不是社会主义，社会主义要消灭贫穷。不发展生产力，

---

① 《邓小平文选》第二卷，人民出版社1994年版，第313页。

② 《邓小平文选》第二卷，人民出版社1994年版，第314页。

③ 《邓小平文选》第二卷，人民出版社1994年版，第251页。

④ 《邓小平文选》第三卷，人民出版社1993年版，第10页。

不提高人民的生活水平，不能说是符合社会主义要求的。"①在这前后，他还指出："社会主义与资本主义不同的特点就是共同富裕，不搞两极分化。"②"社会主义的目的就是要全国人民共同富裕，不是两极分化。"③"社会主义原则，第一是发展生产，第二是共同致富。"④邓小平还认识到，要发展生产力，靠过去的经济体制不能解决问题，经济体制改革是必由之路。1985年8月，他说："对内搞活经济，是活了社会主义，没有伤害社会主义的本质。"⑤1987年2月，他说："有些人脑子里的四化同我们脑子里的四化不同。我们脑子里的四化是社会主义的四化。他们只讲四化，不讲社会主义。这就忘记了事物的本质，也就离开了中国的发展道路。"⑥这样，邓小平对于社会主义本质的认识就又向前发展了一大步，搞清楚了哪些是本质的方面，哪些是非本质的方面。关于社会主义本质的基本轮廓越来越清晰，尽管还未对社会主义本质进行全面概括，但他关于社会主义本质的新构想已形成了。

进入20世纪90年代，邓小平对社会主义本质作了明确、规范、科学的概括，完成了在社会主义本质问题上的科学创新过程。在1990年12月的一次讲话中，邓小平指出："社会主义最大的优越性就是共同富裕，这是体现社会主义本质的一个东西。如果搞两极分化，情况就不同了，民族矛盾、区域间矛盾、阶级矛盾都会发展，相应地中央和地方的矛盾也会发展，就可能出乱子。"⑦在这次讲话中，邓小平特别指出，计划和市场不是社会主义和资本主义的本质区别。他说："我们必须从理论上搞懂，资本主义与社会主义的区分不在于是计划还是市场这样的问题。社会主义也有市场经济，资本主义也有

---

① 《邓小平文选》第三卷，人民出版社1993年版，第116页。

② 《邓小平文选》第三卷，人民出版社1993年版，第123页。

③ 《邓小平文选》第三卷，人民出版社1993年版，第110—111页。

④ 《邓小平文选》第三卷，人民出版社1993年版，第172页。

⑤ 《邓小平文选》第三卷，人民出版社1993年版，第135页

⑥ 《邓小平文选》第三卷，人民出版社1993年版，第204页。

⑦ 《邓小平文选》第三卷，人民出版社1993年版，第364页。

计划控制。"①1992年春，邓小平在视察南方的谈话中，对社会主义本质、社会主义条件下解放生产力、社会主义市场经济、"三个有利于"标准等问题作了全面、系统的阐述。他说："社会主义的本质，是解放生产力，发展生产力，消灭剥削，消除两极分化，最终达到共同富裕。"②这个概括的前两句是从发展生产力的角度揭示社会主义本质，而后三句是从社会主义目的角度揭示社会主义本质的。"解放生产力，发展生产力"，这是社会主义区别于资本主义的特殊本质。首先，从价值目标来看，资产阶级是以最大限度地占有剩余价值和聚敛更多社会财富为自己的价值目标。而社会主义的价值目标是，不断解放和发展生产力。因为它是社会主义发展的根本条件，是联结社会主义初级阶段和高级阶段的桥梁。因而也是中国社会主义现代化发展的内在要求和本质特征，是与资本主义现代化相区别的重要标志。其次，从社会基本矛盾运动状况来看，革命是解放生产力，而革命成功后社会主义的主要任务是在新的生产关系下改革和发展生产力。这种完善和发展社会主义制度的改革，将贯穿于中国社会主义现代化建设过程的始终，成为社会主义现代化自我发展的直接动力，而不像资本主义和以往阶级社会那样，必须通过外部力量来实现社会形式的根本变革。因此，彻底解放和发展生产力，就构成不断发展的社会主义的特殊本质。"消灭剥削，消除两极分化，最终达到共同富裕"是社会主义社会发展的最终目的，这是社会主义现代化与资本主义现代化最根本的区别之所在。邓小平说："走社会主义道路，就是要逐步实现共同富裕。"③所以，中国社会主义现代化道路是一条与西方资本主义现代化迥然不同的共同富裕之路。

关于中国特色社会主义现代化战略步骤，大致分为两个阶段确立。

第一个阶段是从1979年年底到1984年年初，确立了到20世纪末实现人

---

① 《邓小平文选》第三卷，人民出版社1993年版，第364页。

② 《邓小平文选》第三卷，人民出版社1993年版，第373页。

③ 《邓小平文选》第三卷，人民出版社1993年版，第373页。

均国民生产总值翻两番、达到小康水平的战略目标和分前后两个十年两步走的战略部署。

1979年12月，邓小平在会见到中国访问的日本首相大平正芳时说：是不是可以确定为这样一个目标，到20世纪末，争取国民生产总值每人平均一千美元，算个小康水平。当时中国人均国民生产总值只有二百几十美元，邓小平据此推算，到20世纪末"要增加三倍"，才能达到一千美元的水平。这是邓小平首次提出现代化的量化目标。虽然当时还未使用"翻两番"这个词，但增加三倍，实际也就是翻两番的意思。1980年1月16日，邓小平在中央召集的干部会议的讲话中，首次对国内谈到这个目标，当时也只是转述对大平正芳的回答①。1980年12月25日，邓小平在中央工作会议的讲话中正式提出："经过二十年的时间，使我国现代化经济建设的发展达到小康水平，然后继续前进，逐步达到更高程度的现代化。"②邓小平的这个战略设想为党和政府所采纳。在1981年11月召开的五届人大四次会议的政府工作报告和1982年召开的党的十二大报告中，以正式文件的形式阐述了这个20年的新战略目标。后来，邓小平考虑到20世纪末时中国人口将不止10亿，经过控制，大体也要增长到12亿左右。国民生产总值翻两番，而人口增长到12亿，那么人均国民生产总值就是800美元多一点。所以他特地作了一个说明："翻两番，国民生产总值人均达到八百美元，就是到本世纪末在中国建立一个小康社会。这个小康社会，叫做中国式的现代化。"③

第二个阶段是从1984年5月到1987年4月，确立了现代化的长期战略目标和部署。这一阶段又可分为前半段和后半段。前半段是从1984年5月至1986年底，邓小平提出在翻两番的基础上，下一步到21世纪中叶实现四个现代化，经济上接近发达国家的水平。

---

① 《邓小平文选》第二卷，人民出版社1994年版，第259页。

② 《邓小平文选》第二卷，人民出版社1994年版，第356页。

③ 《邓小平文选》第三卷，人民出版社1993年版，第54页。

邓小平认为，实现翻两番，达到小康水平，只是现代化的"最低目标"。经过多年思考，他于1984年5月29日会见巴西总统菲格雷多时就进一步的发展目标提出了自己的想法。他说，到20世纪末，我国的国民生产总值达到1万亿美元，人均达到800美元，"在这样一个基础上，再发展三十年到五十年，我们就可以接近发达国家的水平"[①]。随后，邓小平在1984年10月8日的一次谈话中，对新设想作了较完整的表述："我们第一步是实现翻两番，需要二十年，还有第二步，需要三十年到五十年，恐怕是要五十年，接近发达国家的水平。两步加起来，正好五十年至七十年。"在这段时间，邓小平在不同的场合多次谈到这个设想。综合而言，他的这个新设想，在时间上虽然有30年到50年的时间跨度，但在具体期限的估算上，他更倾向于50年时间。这样，加上前面的20年，总计需要70年时间；在步骤上，是两步走，即把前20年目标称为"第一步目标"或"第一个目标"，把后50年目标称为"第二步目标"或"第二个目标"；在目标上，他一再强调到21世纪中叶，我国现代化只是"接近而不是超过发达的国家"。1985年4月15日，他在会见外宾时，清晰地将这一阶段的总体构想表达出来。他说："在国民生产总值达到一万亿美元的基础上，再花三十到五十年时间，更准确地说，再花五十年时间，有可能使我们接近发达国家的水平，实现我们第二步的目标。"

后半段是从1986年底到1987年4月。在此期间，邓小平对第二步目标的指标进一步量化，发展程度也规范为达到中等发达国家水平，并作了三步走的安排，从而完成了现代化战略目标和战略部署的制定。

1986年12月30日，邓小平在一次谈话中正式提出21世纪中叶实现"人均国民生产总值四千美元"的指标。1987年4月16日，邓小平在会见香港特别行政区基本法起草委员会委员时进一步指出：到20世纪末实现翻两番，达到小康社会，"更重要的是，有了这个基础，再过五十年，再翻两番，达到人

①《邓小平文选》第三卷，人民出版社1993年版，第57页。

均四千美元的水平……中国是个中等发达的国家了"。由此具体形成了第二步战略目标的三个主要内容：一是时间限定为"再过五十年"；二是目标的数量指标已确定，形象地说是在翻两番的基础上"再翻两番"，具体为人均国民生产总值4000美元；三是国家现代化程度定性为："中等发达的国家"，相应地，国家经济实力也量化为国民生产总值6万亿美元。

邓小平后来把第一步的翻两番分作两步，这样原先说的"分两步"就成为"分三步走"。1987年4月30日邓小平会见外宾时，全面阐述了"分三步走"的战略部署。他说："从一九七八年底十一届三中全会到现在将近九年时间，算是第一步。第一步原定的目标，是在八十年代翻一番。……第二步是到本世纪末，再翻一番，人均达到一千美元。……第三步是在下世纪用三十年到五十年再翻两番，目标大体上是人均达到四千美元。"可以说，到这时候，邓小平关于我国现代化的战略目标和战略部署最终确立了。1987年10月召开的党的十三大报告以党的文件的形式对此加以阐述，使之成为全党奋斗的战略目标和部署。

"三步走"战略是邓小平在坚持"解放思想，实事求是"的思想路线指导下，依据中国社会主义初级阶段的基本国情确定的，是中国实现现代化战略目标的具体化行动纲领，是邓小平现代化思想体系的重要组成部分。"三步走"的战略部署指的是：第一步，以10年时间，国民生产总值在1980年的基础上翻一番，或者人均国民生产总值从250—300美元左右提高到500美元，解决人民的温饱问题，这是现代化的起步阶段，也是为走向第二步战略目标打下基础和做好准备。第二步，到20世纪末，国民生产总值再翻一番，人均达到800—1000美元，达到小康水平，这是继续推进现代化的关键阶段。党的十三大报告指出："最重要的是走好第二步。实现了第二步任务，我国现代化建设将取得新的巨大进展。"这不仅表现在经济总量和主要工农业产品产量有大幅度增长，还表现在社会经济效益、劳动生产率和产品质量有明显提高，工业主要领域在技术方面大体接近发达国家20世纪70年代或80年代初的水平，农业和其他产业部门的技术水平也将有较大提高，连同科教文等事业的进步，整个国民经济素质达到了新水平，就为实施第三步战略目标打开了新路。第三步，到21世纪中叶，人均国民生产总值达到4000美元，也就是接近或达到中等发达国家水平，也就是基本上实现了社会主义现代化，开始进入现代化国家的行列。只有到了这个时候，我国才算是根本地摆脱了落后面貌，我国人民才能过上比较富裕的生活。

"三步走"的战略采取的是渐进型的现代化模式。中国原来落后，又是一个大国，存在种种矛盾，只能采取渐进模式，不能期望来一个战略上的飞跃就能达到目的。但是，如何依据渐进原则来分步实现，也不简单，因为我们变量因素很多，中间环节烦琐。邓小平不仅从国情考虑，还在众多复杂情况中抓住最本质的东西，划分为"温饱""小康""达到中等发达国家水平"三步，从而作出了正确的战略决策。

实现中华民族伟大复兴，必须建立符合我国实际的先进社会制度。我们党团结带领人民完成社会主义革命，确立社会主义基本制度，推进社会主义建设，完成了中华民族有史以来最为广泛而深刻的社会变革，为当代中国一切发展进步奠定了根本政治前提和制度基础，实现了中华民族由近代不断衰落到根本扭转命运、持续走向繁荣富强的伟大飞跃。

三、一个新时代的开启

经过长期努力，中国特色社会主义进入了新时代，这是我国发展新的历史方位。中国特色社会主义进入了新时代，意味着近代以来久经磨难的中华民族迎来了从站起来、富起来到强起来的伟大飞跃，迎来了实现中华民族伟大复兴的光明前景；意味着科学社会主义在21世纪的中国焕发出强大生机活力，在世界上高高举起了中国特色社会主义伟大旗帜；意味着中国特色社会主义道路、理论、制度、文化不断发展，拓展了发展中国家走向现代化的途径，给世界上那些既希望加快发展又希望保持自身独立性的国家和民族提供了全新选择，为解决人类问题贡献了中国智慧和中国方案。

中国特色社会主义进入新时代，是在协调推进"四个全面"战略布局的过程中，围绕实现中华民族伟大复兴中国梦而展开的。

党的十八大以来，以习近平同志为核心的党中央从坚持和发展中国特色社会主义全局出发，提出并形成了全面建成小康社会、全面深化改革、全面依法治国、全面从严治党的战略布局。这是中国共产党在新时代的治国理政方略，也是实现中华民族伟大复兴中国梦的重要保障。全面建成小康社会，是今后一个时期奋斗的战略目标；全面深化改革、全面依法治国、全面从严治党，是三大战略举措。全面深化改革、全面依法治国，两者是"姊妹篇"，有如鸟之两翼、车之双轮；而全面从严治党，则是为了锻造我们事业的更加坚强的领导核心。

2012年11月8日至14日召开的党的十八大明确提出，要在党的十六大、十七大确立的全面建设小康社会目标的基础上努力实现新的要求，即经济持续健康发展，人民民主不断扩大，文化软实力显著增强，人民生活水平全面提高，资源节约型、环境友好型社会建设取得重大进展，确保到2020年实现全面建成小康社会的目标。大会强调，为全面建成小康社会，必须不失时机深化重要领域改革，构建系统完备、科学规范、运行有效的制度体系，使各方面制度更加成熟更加定型。大会要求以改革创新精神全面推进党的建设新的伟大工程，全面提高党的建设科学化水平，以加强党的执政能力建设、先进性和纯洁性建设为主线，建设学习型、服务型、创新型的马克思主义执政党。党的十八大确定了全面建成小康社会的目标，提出了深化重要领域改革、全面推进党的建设新的伟大工程的任务和要求，标志着一个新时代的开启。

党的十八大结束不久，习近平总书记在参观"复兴之路"展览时明确提出，实现全面建成小康社会目标是实现中华民族伟大复兴中国梦的关键一步。中华民族的昨天，可以说是"雄关漫道真如铁"。近代以后，中华民族遭受的苦难之重、付出的牺牲之大，在世界历史上都是罕见的。但是，中国人民从不屈服，不断奋起抗争，终于掌握了自己的命运，开始了建设自己国家的伟大进程，充分展示了以爱国主义为核心的伟大民族精神。中华民族的今天，正可谓"人间正道是沧桑"。改革开放以来，我们总结历史经验，不断艰辛探索，终于找到了实现中华民族伟大复兴的正确道路，取得了举世瞩目的成果。这条道路就是中国特色社会主义。中华民族的明天，可以说是"长风破浪会有时"。经过鸦片战争以来170多年的持续奋斗，中华民族伟大复兴展现出光明的前景。习近平总书记强调，实现中华民族伟大复兴就是中华民族近代以来最伟大的梦想，需要一代又一代中国人共同为之努力。我们坚信"到中国共产党成立100年时全面建成小康社会的目标一定能实现，到新中国成立100年时建成富强民主文明和谐的社会主义现代化国家的目标、中华民族伟大复兴的梦想一定能实现"。现在，我们比历史上任何时期都更接近中华民族伟大复兴的目标，比历史上任何时期都更有信心、有能力实现这个目标。2013年3月17日，习近平总书记在第十二届全国人民代表大会第一次会议上进一步强调，实现全面建成小康社会、建成富强民主文明和谐的社会主义现代化国家的奋斗目标，实现中华民族伟大复兴的中国梦，就是要实现国家富强、民族振兴、人民幸福。实现中国梦必须走中国道路。中国特色社会主义道路，是在改革开放30多年的伟大实践中走出来的，是在中华人民共和国成立近70年的持续探索中走出来的，是在对近代以来170多年中华民族发展历程的深刻总结中走出来的，是在对中华民族5000多年悠久文明的传承中走出来的，具有深厚的历史渊源和广泛的现实基础。实现中国梦必须弘扬中国精神。中国精神是凝心聚力的兴国之魂、强国之魂。爱国主义始终是把中华民族坚强团结在一起的精神力量，改革创新始终是鞭策我们在改革开放中与时俱进的精神力量。实现中国梦必须凝聚中国力量。中国梦是民族的梦，也是每个中国人的梦。生活在我们伟大祖国和伟大时代的中国人民，共同享有人生出彩的机会，共同享有梦想成真的机会，共同享有同祖国和时代一起成长与进步的机会。全国各族人民一定要牢记使命，心往一处想，劲往一处使，用13亿多人的智慧和力量汇集起不可战胜的磅礴力量。

到2020年全面建成小康社会，是中国共产党向人民作出的庄严承诺。党的十八大后，特别是2015年"十二五"规划完成后，"十三五"时期的5年成为全面建成小康社会的决胜阶段。2015年10月，党的十八届五中全会审议通过了《中共中央关于制定国民经济和社会发展第十三个五年规划的建议》。全会提出全面建成小康社会新的目标要求：经济保持中高速增长，在提高发展平衡性、包容性、可持续性的基础上，到2020年国内生产总值和城乡居民人均收入比2010年翻一番，产业迈向中高端水平，消费对经济增长贡献明显加大，户籍人口城镇化率加快提高；农业现代化取得明显进展，人民生活水平和质量普遍提高，我国现行标准下农村贫困人口实现脱贫，贫困县全部摘帽，解决区域性整体贫困；国民素质和社会文明程度显著提高；生态环境质量总体改善；各方面制度更加成熟更加定型，国家治理体系和治理能力现代化取得重大进展。全会强调实现"十三五"时期发展目标，破解发展难题，厚植发展优势，必须牢固树立并切实贯彻创新、协调、绿色、开放、共享的发展理念；必须坚持以人民为中心的发展思想，坚持发展为了人民、发展依靠人民、发展成果由人民共享。

为了全面建成小康社会，进而建成富强民主文明和谐的社会主义现代化国家，必须在新的历史起点上全面深化改革。2013年11月，党的十八届三中全会审议通过《关于全面深化改革若干重大问题的决定》，勾画了到2020年全面深化改革的时间表、路线图。全会强调，改革开放是决定当代中国命运的关键一招。改革开放的旗帜必须继续高高举起，中国特色社会主义道路的正确方向必须牢牢坚持。《决定》指出，全面深化改革的总目标，是"完善和发展中国特色社会主义制度，推进国家治理体系和治理能力现代化"；要求"坚持社会主义市场经济改革方向，以促进社会公平正义、增进人民福祉为出发点和落脚点，进一步解放思想、解放和发展社会生产力、解放和增强社会活力"，让发展成果更多惠及全体人民；强调全面深化改革需要更加注重改革的系统性、整体性、协同性，加强顶层设计和整体谋划。改革进入新的发展阶段，要求到2020年，在重要领域和关键环节改革上取得决定性成果。决定从经济、政治、文化、社会、生态文明、国防和军队六个方面，具体部署了全面深化改革的主要任务和重大举措。经济体制改革是全面深化改革的重点。《决定》要求，坚持和完善公有制为主体、多种所有制经济共同发展的基本经济制度；处理好政府和市场的关系，使市场在资源配置中起决定性作用和更好发挥政府作用。《决定》强调，全面深化改革必须加强和改善党的领导，充分发挥党总揽全局、协调各方的领导核心作用。全会决定，设立国家安全委员会，其主要职责是制定和实施国家安全战略，推进国家安全法治建设，制定国家安全工作方针政策，研究解决国家安全工作中的重大问题；中央成立全面深化改革领导小组，负责改革总体设计、统筹协调、整体推进、督促落实。

全面建成小康社会，全面深化改革，必须全面推进依法治国，更好地发挥法治的引领和规范作用。2014年10月，党的十八届四中全会审议通过了《关于全面推进依法治国若干重大问题的决定》。《决定》阐述了全面推进依法治国的重大意义、指导思想、总目标、基本原则。《决定》提出，全面推进依法治国，总目标是建设中国特色社会主义法治体系，建设社会主义法治国家。实现这个总目标，必须坚持中国共产党的领导，坚持人民主体地位，坚持法律面前人人平等，坚持依法治国和以德治国相结合，坚持从中国实际出发。《决定》指出，党的领导是中国特色社会主义最本质的特征，是社会主义法治的根本保证。坚持党的领导，是中国特色社会主义法治道路的核心要义。《决定》对科学立法、严格执法、公正司法、全民守法进行了论述和部署。《决定》提出，必须完善以宪法为核心的中国特色社会主义法律体系、加强宪法实施。建议将每年12月4日定为国家宪法日；提出建立宪法宣誓制度，凡经人大及其常委会选举或者决定任命的国家工作人员正式就职时公开向宪法宣誓。《决定》要求，深入推进依法行政，加快建设法治政府，各级政府必须坚持在党的领导下、在法治轨道上开展工作。《决定》还阐明了加强法治工作队伍建设、加强和改进党对全面推进依法治国的领导等。全会对全面推进依法治国作出的全面部署，有力地推动了法治中国的建设。

全面建成小康社会、推进社会主义现代化，必须按照党要管党、从严治党的方针，加强党的建设，确保党始终成为中国特色社会主义事业的坚强领导核心。

党的十八大以来，以习近平同志为核心的党中央反复告诫全党，必须坚定理想信念、坚守共产党人精神追求；密切党群、干群关系，保持同人民群众的血肉联系；反对腐败，建设廉洁政治，保持党的肌体健康；严明党的纪律，维护党的集中统一。同时，从严管理干部，完善党的建设制度、党内法规体系，采取全方位、高标准的管党治党举措，开创全面从严治党的新局面。

2012年12月，中共中央政治局审议通过关于改进工作作风、密切联系群众八项规定，要求各级党政机关和领导干部带头改进工作作风，带头深入基层调查研究，带头密切联系群众，带头解决实际问题等；并且强调，抓作风建设，首先要从中央政治局做起。这些规定，发出正风肃纪、从严治党的强烈信号，使全党全社会为之一振。2013年5月，中共中央发布《关于在全党深入开展党的群众路线教育实践活动的意见》。教育实践活动从2013年6月开始，自上而下、上下结合，分两批有序进行，到2014年9月底基本结束。这一活动以为民务实清廉为主要内容，贯彻"照镜子、正衣冠、洗洗澡、治治病"总要求，着力解决形式主义、官僚主义、享乐主义和奢靡之风这"四风"问题。中共中央政治局率先垂范，各地区各部门各单位贯彻整风精神，排查作风之弊，清除行为之垢，以作风建设新成效汇聚起推动改革发展的正能量。2014年3月，习近平总书记在十二届全国人大二次会议期间提出，各级领导干部都要树立和发扬"三严三实"，既严以修身、严以用权、严以律己，又谋事要实、创业要实、做人要实。2015年4月，县处级以上领导干部"三严三实"专题教育陆续展开。这是党的群众路线教育实践活动的延展深化。2016年2月，"学党章党规、学系列讲话，做合格党员"（简称"两学一做"）学习教育在全体党员中有序开展。这是推动党内教育从"关键少数"向广大党员拓展、从集中性教育向经常性教育延伸的重要举措。

在党风建设取得实实在在成效的同时，中共中央坚持以零容忍态度惩治腐败，坚持"老虎""苍蝇"一起打，形成对腐败的高压态势，持续遏制不正之风和腐败现象蔓延势头。强化党内监督，把巡视作为党内监督战略性制度安排中央巡视组开展巡视工作，实现对31个省区市和新疆生产建设兵团全覆盖；同时健全追逃追赃协调机制，强化与有关国家、地区司法协助和执法合作。2015年3月，中央反腐败协调小组国际追逃追赃工作办公室首次启动针对外逃腐败分子的"天网"行动。全国公安机关按照"天网"行动总体部署，深入推进缉捕在逃境外经济犯罪嫌疑人的"猎狐"行动。反腐败斗争取得重大进展。为了有效推进反腐斗争，中央还提出应当建立健全惩治和预防腐败体系、加强反腐倡廉教育和廉政文化建设。中共中央在反腐败问题上的坚强意志和坚定决心，增强了全国各族人民对党的信任。

2013年7月和2014年10月，中共中央先后印发《关于废止和宣布失效一批党内法规和规范性文件的决定》《关于再废止和宣布失效一批党内法规和规范性文件的决定》。这两个《决定》分别对1978年至2012年6月、中华人民共和国成立至1977年出台的中央党内法规和规范性文件进行集中清理。2016年12月，全国党内法规工作会议举行。会前，习近平总书记作出指示，强调加强党内法规制度建设是全面从严治党的长远之策、根本之策，必须坚持依法治国与制度治党、依规治党统筹推进、一体建设。这是中国共产党历史上第一次召开全国党内法规工作会议。2016年10月，党的十八届六中全会举行。全会审议通过《关于新形势下党内政治生活的若干准则》和《中国共产党党内监督条例》。全会明确习近平同志为党中央的核心、全党的核心。全会号召全党同志紧密团结在以习近平同志为核心的党中央周围，牢固树立政治意识、大局意识、核心意识、看齐意识，坚定不移维护党中央权威和党中央集中统一领导，继续推进全面从严治党，共同营造风清气正的政治生态，确保党团结带领人民不断开创中国特色社会主义事业新局面。

"四个全面"战略布局是党坚持和发展中国特色社会主义的新实践新成果，是对党治国理政经验的科学总结和丰富发展，集中体现了时代和实践发展对党和国家工作的新要求，是实现中华民族伟大复兴的中国梦、续写中国特色社会主义新篇章的行动纲领。

进入中国特色社会主义新时代，以习近平同志为核心的党中央面对世界经济复苏乏力、局部冲突和动荡频发、全球性问题加剧的外部环境，面对我国经济发展进入新常态等一系列深刻变化，坚持稳中求进工作总基调，统筹推进经济建设、政治建设、文化建设、社会建设、生态文明建设"五位一体"总体布局，提出一系列新理念新思想新战略；并就加强国防和军队建设、"一国两制"和祖国统一、外交工作提出一系列重要思想观点，引领中国特色社会主义各项事业蓬勃向前发展，取得了改革开放和社会主义现代化建设极不平凡的成就。

经济建设取得重大成就　坚定不移贯彻新发展理念，坚决端正发展观念、转变发展方式，发展质量和效益不断提升。经济保持中高速增长，在世界主要国家中名列前茅，国内生产总值从54万亿元增长到82.7万亿元，稳居世界第二，年均增长7.1%，占世界经济比重从11.4%提高到15%左右，对世界经济增长贡献率超过30%。供给侧结构性改革深入推进，经济结构不断优化，消费贡献率由54.9%提高到58.8%，服务业比重从45.3%上升到51.6%，成为经济增长主动力。数字经济等新兴产业蓬勃发展，高技术制造业年均增长11.7%。高铁、公路、桥梁、港口、机场等基础设施建设快速推进。农业现代化稳步推进，粮食生产能力达到1.2万亿斤。城镇化率从52.6%提高到58.5%，年均提高1.2个百分点，8000多万农业转移人口成为城镇居民。区域发展协调性增强，"一带一路"建设、京津冀协同发展、长江经济带发展成效显著。创新驱动发展战略大力实施，创新型国家建设成果丰硕。全社会研发投入年均增长11%，规模跃居世界第二位。科技进步贡献率由52.2%提高到57.5%。天宫、蛟龙、天眼、悟空、墨子、大飞机等重大科技成果相继问世。载人航天、深海探测、量子通信、大飞机等重大创新成果不断涌现。高铁网络、电子商务、移动支付、共享经济等引领世界潮流。"互联网+"广泛融入各行各业。大众创业、万众创新蓬勃发展，日均新设企业由5000多户增加到16000多户。快速崛起的新动能，正在重塑经济增长格局、深刻改变生产生活方式，成为中国创新发展的新标志。南海岛礁建设积极推进。开放型经济新体制逐步健全，对外贸易、对外投资、外汇储备稳居世界前列。

全面深化改革取得重大突破 蹄疾步稳推进全面深化改革，坚决破除各方面体制机制弊端。改革全面发力、多点突破、纵深推进，着力增强改革系统性、整体性、协同性，压茬拓展改革广度和深度，推出1500多项改革举措，重要领域和关键环节改革取得突破性进展，主要领域改革主体框架基本确立。中国特色社会主义制度更加完善，国家治理体系和治理能力现代化水平明显提高，全社会发展活力和创新活力明显增强。

民主法治建设迈出重大步伐 积极发展社会主义民主政治，推进全面依法治国，党的领导、人民当家作主、依法治国有机统一的制度建设全面加强，党的领导体制机制不断完善，社会主义民主不断发展，党内民主更加广泛，社会主义协商民主全面展开，爱国统一战线巩固发展，民族宗教工作创新推进。科学立法、严格执法、公正司法、全民守法深入推进，法治国家、法治政府、法治社会建设相互促进，中国特色社会主义法治体系日益完善，全社会法治观念明显增强。国家监察体制改革试点取得实效，行政体制改革、司法体制改革、权力运行制约和监督体系建设有效实施。

思想文化建设取得重大进展 加强党对意识形态工作的领导，党的理论创新全面推进，马克思主义在意识形态领域的指导地位更加鲜明，中国特色社会主义和中国梦深入人心。

社会主义核心价值观和中华优秀传统文化广泛弘扬，群众性精神文明创建活动扎实开展。公共文化服务水平不断提高，文艺创作持续繁荣，文化事业和文化产业蓬勃发展，互联网建设管理运用不断完善，全民健身和竞技体育全面发展。主旋律更加响亮，正能量更加强劲，文化自信得到彰显，国家文化软实力和中华文化影响力大幅提升，全党全社会思想上的团结统一更加巩固。

人民生活不断改善 深入贯彻以人民为中心的发展思想，一大批惠民举措落地实施，人民获得感显著增强。脱贫攻坚战取得决定性进展，贫困人口减少6800多万，易地扶贫搬迁830万人，贫困发生率由10.2%下降到3.1%。教育事业全面发展，中西部和农村教育明显加强。就业状况持续改善，城镇新增就业年均1300万人以上。城乡居民收入年均增长7.4%、超过经济增速，形成世界上人口最多的中等收入群体。社会养老保险覆盖9亿多人，基本医疗保险覆盖13.5亿人，织就了世界上最大的社会保障网。人民健康和医疗卫生水平大幅提高，人均预期寿命达到76.7岁。保障性住房建设稳步推进，棚户区住房改造2600多万套，农村危房改造1700多万户，上亿人喜迁新居。社会治理体系更加完善，社会大局保持稳定，国家安全全面加强。

生态文明建设成效显著 大力度推进生态文明建设，全党全国贯彻绿色发展理念的自觉性和主动性显著增强，生态环境状况逐步好转。制定实施大气、水、土壤污染防治三个"十条"并取得扎实成效。单位国内生产总值能耗、水耗均下降20%以上，主要污染物排放量持续下降，重点城市重污染天数减少一半，森林面积增加1.63亿亩，沙化土地面积年均缩减近2000平方公里，绿色发展呈现可喜局面。

强军兴军开创新局面 着眼于实现中国梦强军梦，制定新形势下军事战略方针，全力推进国防和军队现代化。召开古田全军政治工作会议，恢复和发扬我党我军光荣传统和优良作风，人民军队政治生态得到有效治理。国防和军队改革取得历史性突破，形成"军委管总、战区主战、军种主建"新格局，人民军队组织架构和力量体系实现革命性重塑。加强练兵备战，有效遂行海上维权、反恐维稳、抢险救灾、国际维和、亚丁湾护航、人道主义救援等重大任务，基本完成裁减军队员额30万任务，武器装备加快发展，军事斗争准备取得重大进展。人民军队在中国特色强军之路上迈出坚定步伐。

港澳台工作取得新进展 全面准确贯彻"一国两制"方针，牢牢掌握宪法和基本法赋予的中央对香港、澳门全面管治权，深化内地和港澳地区交流合作，保持香港、澳门繁荣稳定。坚持一个中国原则和"九二共识"，推动两岸关系和平发展，加强两岸经济文化交流合作，实现两岸领导人历史性会晤。妥善应对台湾局势变化，坚决反对和遏制"台独"分裂势力，有力维护台海和平稳定。

全方位外交布局深入展开 全面推进中国特色大国外交，形成全方位、多层次、立体化的外交布局，为我国发展营造了良好外部条件。实施共建"一带一路"倡议，发起创办亚洲基础设施投资银行，设立丝路基金，举办首届"一带一路"国际合作高峰论坛、亚太经合组织领导人非正式会议、二十国集团领导人杭州峰会、金砖国家领导人厦门会晤、亚信峰会。倡导构建人类命运共同体，促进全球治理体系变革。我国国际影响力、感召力、塑造力进一步提高，为世界和平与发展作出新的重大贡献。

全面从严治党成效卓著 全面加强党的领导和党的建设，坚决改变管党治党宽松软状况。推动全党尊崇党章，增强政治意识、大局意识、核心意识、看齐意识，坚决维护党中央权威和集中统一领导，严明党的政治纪律和政治规矩，层层落实管党治党政治责任。坚持照镜子、正衣冠、洗洗澡、治治病的要求，开展党的群众路线教育实践活动和"三严三实"专题教育，推进"两学一做"学习教育常态化制度化，全党理想信念更加坚定、党性更加坚强。贯彻新时期好干部标准，选人用人状况和风气明显好转。党的建设制度改革深入推进，党内法规制度体系不断完善。把纪律挺在前面，着力解决人民群众反映最强烈、对党的执政基础威胁最大的突出问题。出台中央八项规定，严厉整治形式主义、官僚主义、享乐主义和奢靡之风，坚决反对特权。巡视利剑作用彰显，实现中央和省级党委巡视全覆盖。坚持反腐败无禁区、全覆盖、零容忍，坚定不移"打虎""拍蝇""猎狐"，"不敢腐"的目标初步实现，"不能腐"的笼子越扎越牢，"不想腐"的堤坝正在构筑，反腐败斗争压倒性态势已经形成并巩固发展。

这些成就是全方位的、开创性的，变革是深层次的、根本性的。党中央统筹推进改革发展稳定、内政外交国防、治党治国治军，提出了一系列新理念新思想新战略，出台了一系列重大方针政策，推出了一系列重大举措，推进了一系列重大工作，解决了许多长期想解决而没有解决的难题，办成了许多过去想办而没有办成的大事，推动党和国家事业发生历史性变革。这些历史性变革，对党和国家事业发展具有重大而深远的影响。以习近平同志为核心的党中央勇于面对党面临的重大风险考验和党内存在的突出问题，以顽强意志品质正风肃纪、反腐惩恶，消除了党和国家内部存在的严重隐患，党内政治生活气象更新，党内政治生态明显好转，党的创造力、凝聚力、战斗力显著增强，党的团结统一更加巩固，党群关系明显改善，党在革命性锻造中更加坚强，焕发出新的强大生机活力，为党和国家事业发展提供了坚强政治保证。5年来，党和国家事业发生历史性变革。变革力度之大、范围之广、效果之显著、影响之深远，世所罕见，成为中国共产党历史和中华人民共和国历史上的重要里程碑，对于党和国家事业的长远发展，对于实现"两个一百年"奋斗目标、实现中华民族伟大复兴的中国梦，具有重大而深远的影响。5年来，党和国家事业取得的历史性成就，发生的历史性变革，是以习近平同志为核心的党中央坚强领导的结果，更是全党全国各族人民共同奋斗的结果。是以习近平同志为核心的党中央举旗定向、运筹帷幄，坚持不忘初心、牢记使命、砥砺奋进，以巨大的政治勇气，有效应对国际国内诸多风险和挑战。党中央的坚强领导是党和国家事业发生历史性变革的根本政治保障。经过长期努力，我国经济实力、科技实力、国防实力、综合国力进入世界前列，我国国际地位实现前所未有的提升，党的面貌、国家的面貌、人民的面貌、军队的面貌、中华民族的面貌发生了前所未有的变化，中华民族正以崭新姿态屹立于世界的东方。

面向未来，党的十九大深刻总结中国特色社会主义新时代我国的社会主要矛盾，指出：我国社会的主要矛盾，已经转化为人民日益增长的美好生活需要和不平衡不充分的发展之间的矛盾。这是关系全局的历史性变化，对党和国家工作提出了许多新要求，要在继续推动发展的基础上，着力解决好发展不平衡不充分问题，大力提升发展质量和效益，更好满足人民在经济、政治、文化、社会、生态等方面日益增长的需要，更好推动人的全面发展、社会全面进步。同时，我国社会主要矛盾的变化，没有改变我们对我国社会主义所处历史阶段的判断，我国仍处于并将长期处于社会主义初级阶段的基本国情没有变，我国是世界最大发展中国家的国际地位没有变。全党要牢牢把握社会主义初级阶段这个基本国情，牢牢立足社会主义初级阶段这个最大实际，牢牢坚持党的基本路线这个党和国家的生命线、人民的幸福线。

基于对新时代我国社会主要矛盾的准确判断，党的十九大确定决胜全面建成小康社会、开启全面建设社会主义现代化国家新征程的目标，这就是：从现在到2020年，是全面建成小康社会决胜期，全党全国人民要按照全面建成小康社会各项要求，紧扣我国社会主要矛盾变化，突出抓重点、补短板、强弱项，特别是要坚决打好防范化解重大风险、精准脱贫、污染防治的攻坚战，使全面建成小康社会得到人民认可、经得起历史检验。报告强调，从十九大到二十大，是"两个一百年"奋斗目标的历史交汇期。我们既要全面建成小康社会、实现第一个百年奋斗目标，又要乘势而上开启全面建设社会主义现代化国家新征程，向第二个百年奋斗目标进军。报告指出，综合分析国际国内形势和我国发展条件，从2020年到本世纪中叶可以分两个阶段来安排。第一个阶段，从2020年到2035年，在全面建成小康社会的基础上，再奋斗十五年，基本实现社会主义现代化。第二个阶段，从2035年到本世纪中叶，在基本实现现代化的基础上，再奋斗十五年，把我国建成富强民主文明和谐美丽的社会主义现代化强国。从全面建成小康社会到基本实现现代化，再到全面建成社会主义现代化强国，是新时代中国特色社会主义发展的战略安排。

为顺利实现奋斗目标，党的十九大对新时代推进中国特色社会主义伟大事业和党的建设伟大工程作出全面部署，强调：实现伟大梦想，必须进行伟大斗争；要充分认识这场伟大斗争的长期性、复杂性、艰巨性，发扬斗争精神，提高斗争本领，不断夺取伟大斗争新胜利。实现伟大梦想，必须建设伟大工程，这个伟大工程就是我们党正在深入推进的党的建设新的伟大工程。实现伟大梦想，必须推进伟大事业。中国特色社会主义是改革开放以来党的全部理论和实践的主题，是党和人民历尽千辛万苦、付出巨大代价取得的根本成就；要更加自觉地增强道路自信、理论自信、制度自信、文化自信，既不走封闭僵化的老路，也不走改旗易帜的邪路，保持政治定力，坚持实干兴邦，始终坚持和发展中国特色社会主义。报告强调，伟大斗争，伟大工程，伟大事业，伟大梦想，紧密联系、相互贯通、相互作用，其中起决定性作用的是党的建设新的伟大工程。

在经济建设上，要贯彻新发展理念，建设现代化经济体系。坚持和完善我国社会主义基本经济制度和分配制度，毫不动摇巩固和发展公有制经济，毫不动摇鼓励、支持、引导非公有制经济发展。以供给侧结构性改革为主线，推动经济发展质量变革、效率变革、动力变革，不断增强我国经济创新力和竞争力。深化供给侧结构性改革，加快建设创新型国家，实施乡村振兴战略，实施区域协调发展战略，加快完善社会主义市场经济体制，推动形成全面开放新格局，努力实现更高质量、更有效率、更加公平、更可持续的发展。在政治建设上，要坚持党的领导、人民当家作主、依法治国有机统一，健全人民当家作主制度体系，发展社会主义民主政治，推进社会主义民主政治制度化、规范化、程序化。在文化建设上，要坚定文化自信，推动社会主义文化繁荣兴盛，牢牢掌握意识形态工作领导权，培育和践行社会主义核心价值观，加强思想道德建设，繁荣发展社会主义文艺，推动文化事业和文化产业发展。在社会建设上，要提高保障和改善民生水平，加强和创新社会治理，不断满足人民日益增长的美好生活需要，在幼有所育、学有所教、劳有所得、病有所医、老有所养、住有所居、弱有所扶上不断取得新进展，深入开展脱贫攻坚，保证全体人民在共建共享发展中有更多获得感，不断促进人的全面发展、全体人民共同富裕。在生态文明建设上，要践行绿水青山就是金山银山的理念，加快生态文明体制改革，形成节约资源和保护环境的空间格局、产业结构、生产方式、生活方式，建设美丽中国。在国防和军队建设上，必须坚持走中国特色强军之路，全面贯彻习近平强军思想，贯彻新形势下军事战略方针，把人民军队建设成为世界一流军队。在台港澳工作上，要保持香港、澳门长期繁荣稳定，全面准确贯彻"一国两制""港人治港""澳人治澳"、高度自治的方针，严格依照宪法和基本法办事；必须继续坚持"和平统一、一国两制"方针，推动两岸关系和平发展，推进祖国和平统一进程，决不允许任何人、任何组织、任何政党、在任何时候、以任何形式、把任何一块中国领土从中国分裂出去。在外交工作上，坚持和平发展道路，坚定不移在和平共处五项原则基础上发展同各国的友好合作，积极促进"一带一路"国际合作，继续积极参与全球治理体系改革和建设，推动建设相互尊重、公平正义、合作共赢的新型国际关系，推动构建人类命运共同体，同世界各国人民一道建设持久和平、普遍安全、共同繁荣、开放包容、清洁美丽的世界。

党的十九大报告强调，中国特色社会主义进入新时代，中国共产党一定要有新气象新作为。新时代党的建设总要求是：要坚持和加强党的全面领导，坚持党要管党、全面从严治党，以加强党的长期执政能力建设、先进性和纯洁性建设为主线，以党的政治建设为统领，以坚定理想信念宗旨为根基，以调动全党积极性、主动性、创造性为着力点，全面推进党的政治建设、思想建设、组织建设、作风建设、纪律建设，把制度建设贯穿其中，深入推进反腐败斗争，不断提高党的建设质量，把党建设成为始终走在时代前列、人民衷心拥护、勇于自我革命、经得起各种风浪考验、朝气蓬勃的马克思主义执政党。

习近平总书记强调，新时代要有新气象，更要有新作为。历史是人民书写的，一切成就归功于人民。只要我们深深扎根人民、紧紧依靠人民，就可以获得无穷的力量，风雨无阻，奋勇向前。

贯穿以人民为中心的情怀

第三章

中国自信
CHINA
SELF-CONFIDENCE

在探索中国特色社会主义道路的历史进程中，贯穿着一条主线，这就是以人民为中心，以实现人民对美好生活的向往为奋斗目标。以马克思主义唯物史观为理论基石的中国共产党既是工人阶级先锋队，也是中国人民和中华民族的先锋队。全心全意为人民服务是中国共产党的根本宗旨。这是中国共产党的立党之本、本质特征、政治品格和政治优势。中国共产党的性质宗旨决定了无论在什么时候，也不论环境条件、形势和任务如何变化，永远站在人民群众的立场上，为人民群众谋利益这一根本原则是始终不变的。我们党90多年来之所以得到人民拥护和支持，从根本上说，就是因为能够始终代表中国最广大人民根本利益，就是坚持群众是真正的英雄，尊重人民首创精神，最广泛动员和组织人民投身到党领导的伟大事业中来。

一、成败之鉴

1945年7月，黄炎培等民主人士在访问延安时，对中共的朝气、改良农村的政策和建设边区的成就等留下了深刻印象。特别是为了证实当地"夜不闭户"的说法，黄炎培特地半夜到村里转了一圈，发现80%的人家都是大门敞开的。有一回，毛泽东问他感想怎样，他回答："我生六十多年，耳闻的不说，所亲眼看到的，真所谓'其兴也勃焉'，'其亡也忽焉'，一人，一家，一团体，一地方，乃至一国，不少单位都没有跳出这周期率的支配力。大凡初时聚精会神，没有一事不用心，没有一人不卖力，也许那时艰难困苦，只有从万死中觅取一生。既而环境渐渐好转了，精神也就渐渐放下了。有的因为历史长久，自然地惰性发作，由少数演为多数，到风气养成，虽有大力，无法扭转，并且无法补救。也有为了区域一步步扩大下，它的扩大，有的出于自然发展，有的为功业欲所驱使，强求发展，到干部人才渐见竭蹶、艰于应付的时候，环境倒越加复杂起来了，控制力不免趋于薄弱了。一部历史'政怠宦成'的也有，'人亡政息'的也有，'求荣取辱'的也有。总之没有能跳出这周期率。中共诸君从过去到现在，我略略了解的了。就是希望找出一条新路，来跳出这周期率的支配。"

毛泽东回答："我们已经找到新路，我们能跳出这周期率。这条新路，就是民主。只有让人民来监督政府，政府才不敢松懈。只有人人起来负责，才不会人亡政息。"

毛泽东的回答，为近现代中国历史所充分证明。作为马克思主义政党，中国共产党秉持唯物史观，将人民视为社会的主体和历史的创造者，牢固树立为人民服务的宗旨，从而成为时代进步与发展的引领者，为历史和人民所选择，成为中华民族复兴大业的领导者。

近现代中国历史发展进程表明，人民在国家中的地位如何，决定着一个政权的兴衰成败。

按照被誉为当代最伟大的经济历史数据考证与分析专家的英国学者安格斯·麦迪森的说法，从17世纪末到19世纪初，清王朝统治下的中国在经济上的表现相当出色。1700年到1820年，中国的GDP不但排名世界第一，在世界的比例也从22.3%增长到32.9%。与此同时，中国人口从占世界总量的22.9%增长到36.6%。到了19世纪后半期，清王朝在对外战争中屡战屡败，被迫与列强签订了一系列不平等条约，人们普遍认为，其根源在于中国国力孱弱。不过，美国著名学者保罗·肯尼迪在《大国的兴衰》和英国著名经济学家麦迪森在《世界经济千年史》《中国经济的长远未来》等著作中，通过比较中国、英国、美国和日本四个国家的GDP占世界的比例，有着惊人的发现：1870年，中国占17.3%，而日本、英国、美国仅分别为2.3%、9.1%、0.9%。到了1900年，中国的比例为11.0%，落后于美国的15.8%，但依然领先于日本的2.6%和英国的9.0%。从GDP数据看，即使到了1900年，中国的经济实力也依然高居英国和日本之上。显然，19世纪后半期的中国并不是我们通常意义上的弱国，最多只是一个衰败中的强国。

明末清初的思想家顾炎武曾说过：国家兴亡，其君其臣肉食者谋之。中华文明内部固有的弊端，特别是封建专制主义将民众排斥在主流社会之外，是晚清衰落的直接原因。

中华文明在长期的历史进程中，创造了灿烂辉煌的成就。但是在中华文明内部，也存在着种种不利于文明发展的思想意识、制度文化。在政治上，君主制虽然在特定的历史条件下有一定的历史合理性，但其长期存在，对中国社会的进步阻碍作用仍还是十分明显的，尤其是为了维护君权，抑制社会活力，社会付出了巨大的成本。与皇权相适应的宗法制度，在维护社会稳定的同时，同样也起着抑制社会活力的作用。在经济上，地主土地所有制长期在经济生活中牢牢占据主要地位，造成了农业生产的低水平重复和农民生活贫困，阻碍了商品经济水平和规模的提升。而中国商品经济虽然出现很早，但长期重农抑商的观念和政策，使得商品经济不能发挥出对于政治社会进步革命性的推动作用，商品经济自身发展到一定程度后也徘徊不前。在思想文化上，中国传统思想文化注重秩序、稳定，偏重用实践理性，不鼓励竞争、冒险、创新等观念和行为，对于纯粹知识的兴趣相对有限，使得中华文明缺乏智力和精神的支撑，无法取得突破性的进展。在科技上，虽然古代中国的科技文明长期在世界上处于领先地位，但长期停留在经验科学阶段，迟迟不能进入到实验科学阶段，没有发生根本性的飞跃。

国民党大陆执政失败，其根本原因也是将人民排拒在政权之外。

伟大的革命先行者孙中山根据"各人天赋的聪明才力"，将人分为"先知先觉者，后知后觉者，不知不觉者"。他说："第一种人叫作先知先觉。这种人有绝顶的聪明，凡见一件事，便能想出许多道理；听一句话，并能做出许多事业。有了这种才力的人，才是先知先觉。由于这种先知先觉的人预先想出了许多办法，做了许多事业，世界才有进步，人类才有文明。所以先知先觉的人是世界上的创造者，是人类中的发明家。第二种人叫作后知后觉。这种人的聪明才力比较第一种人是次一等的，自己不能够创造发明，只能够跟随模仿，第一种人已经做出来了的事，他便可以学到。第三种人叫作不知不觉。这种人的聪明才力是更次的，凡事虽有人指教他，他也不能知，只能去行。"他还说："照现在政治运动的言辞说，第一种人是发明家，第二种人是宣传家，第三种人是实行家。"

孙中山的本意，在于依据民众的不同禀赋，分别加以引导，以此唤醒民众，形成合力。他在遗嘱中特别强调："余致力于国民革命凡四十年，其目的在求中国之自由平等。积四十年之经验，深知欲达到此目的，必须唤起民众及联合世界上以平等待我之民族，共同奋斗。"然而，以孙中山忠实继承者自居的蒋介石，对孙中山的思想歪曲利用，在其思想与实践中将人民排斥于政权之外。

蒋介石对于中国传统的伦理道德推崇备至。他认为，"以伦理为基础的政治理论，才是最完善的政治理想"。建筑在伦理上面的政治，"才是最有根底亦最完善的"。在蒋介石看来，近代中国之所以内乱不止，外侮空前，中国不成为一个国家，国民不能成为一个人，是因为中国人自己没有了固有的民族精神与伦理道德，即国魂。为此，蒋介石大力提倡以"四维八德"为基本内容的封建伦理道德。在《中国之命运》中，蒋介石明确表示：四维八德"以'忠孝'为根本。为国家尽全忠，为民族尽大孝，公而忘私，国而忘家，实为我们中国教忠教孝的极则"。以忠孝为本，忠为核心的传统政治伦理，是为适应封建等级制度的需要而产生的。建立在宗法等级制度基础上的封建政权，以血缘为纽带，集家、国为一体，政权与族权合二为一。与这种家国同构的政治结构相适应，传统政治伦理以"孝"为封建伦理道德的基石，扩而大之，对父母孝，对君即为"忠"。忠君即是忠于国家。"忠"是孝上升形成的政治道德。尽管蒋介石曾明确表示："所谓'忠'，并不是讲忠于哪一个私人，而是要忠于职责，忠于团体社会，忠于国家民族。如果我们大家尽忠于国家民族，国家民族便自然可以复兴起来。"①然而，在蒋介石的言行中，时常流露出忠于国民党，效忠他个人就是忠于国家民族的思想。为达此目的，蒋介石无视中国人民千百年来饱受奴役之苦的事实，认为"中国自古以来，虽无自由之名，而确有自由之实"。近代中国的衰败，不在于中国文化的落后，而是由于"中国人太自由了"，失去了以"四维八德"为特征的传统政治伦理的"国魂"。

在蒋介石的大力宣扬下，作为旁观者的司徒雷登在耳濡目染中感觉"中国人好像几乎没有抽象的道德，而是把诚实、忠诚、仁爱等等仅仅作为对某一个人的义务"，"他们的基本美德可能就是个人的忠诚"。②江南也认为："蒋先生的两只脚一脚虽踩在革命的大道上，但对革命的认识，却是模糊不清的。'革命'就是狭义打天下做皇帝的新名词。另一脚停在封建残余的陋巷里，认为孔孟思想，将永远成为中国文化思想的主流。尽管他自己到过日本，喝了东洋墨水，却并没有真正呼吸到新时代的新气息，追求过军事常识以外的新知。因此，他还止步于明清儒学和旧礼教的境界里，冲不出去，甚至从未尝试。"③

揭开四维八德温情脉脉的面纱，我们不难看出，蒋介石所倡导的四维八德政治伦理观，实际上是一套愚民的理论。他对四维八德的一切阐述，无不体现这样一个基本内核，就是以封建伦理纲常束缚人民的头脑。他反复强调的"人"，是一个毫无头脑、只知盲从的机械人。他之所以将四维八德提到至高无上的地位，作为民族复兴、"革命"成功的"万灵符"，其根本目的是为其一党专政、个人独裁的极权政治服务。这一点，充分体现在蒋介石所提倡的四维八德，是以"忠孝"为根本，"礼、义、廉、耻"与"仁、爱、信、

---

① 蒋介石：《国父遗教概要》，张其昀主编：《先总统蒋公全集》第一册，台湾中国文化大学出版部1984年版，第46页。

② [美]司徒雷登：《在华五十年》，北京出版社1982年版，第278—279页。

③ 江南：《蒋经国传》，中国友谊出版公司1984年版，第16页。

义、和、平"都是为"忠孝"的阐释与发挥服务。

为此，国民党中央机关刊物曾发表文章大造舆论，极力贬低民众争民主运动的价值。他们认为："民主是必须争的？拿到民主，一定能打退敌人呢？还是只求打退敌人，不必问民主不民主？恐怕是测验的结果，仍然是胜利第一，民主第二。"因此，"当前只能有养成人民政治能力的民意机关，而不能突然成立完全民权的民主制度。抗战保证将来的民主，而当前空喊的民主，绝不是保证抗战胜利的唯一条件。"①1943年3月，在蒋介石授意下，由蒋介石署名、陶希圣捉刀代笔的《中国之命运》出版，从理论上完备了国民党专制政治的思想体系。蒋介石在书中公开反对民主政治和思想自由，他认为，中国之所以积贫积弱，根本原因在于中国人不是没有自由，而是自由太多，"成了一片散沙"，越出了"法定的界限"。所以，"中华民族要结成坚固石头一样的国防的组织体，则个人不能享有像一片散沙一样的'自由'，是不待言的。"因此，他提出的"建国方略"的最主要工作首先是搞好"心理建设"，民众"只须遵循主义，按着方略，顺着成功的路线，穷理致知，实践力行"，"自必能达到最后的成功"。目的是要使民众在心理的潜意识上完全接受政治专制、容纳思想统治。

1946年9月，著名报人储安平在国民党如日中天之时，敏锐地看到了其败絮其中的本质，明确指出其统治已经失败！总结国民党执政教训，他指出："国民党有主义，有理想，当初也是满怀热血，以救国救民为己任；志士仁人，前仆后继。何以执政二十年，反弄成今日这样一个局面：不仅党的声誉、地位、前途日见衰落，就国家社会，也给弄得千疮百孔，不可收拾。"他认为：其中症结，在于国民党"只知以加强'政治的控制'来维护其既得的政权"。总结历史经验教训，储安平强调："历观往史，没有一个政府能够不顾人民而犹能长久维持其政权者。不顾人民苦乐的政府，必然失去人心；不

---

① 《民意机关与民主政治》，《中央周刊》第一卷第四期，1938年7月28日。

为人民福利打算的施政，必然不能使国家社会得到健全的发展。"①

中国共产党成立之初便将为人民谋幸福作为自身的奋斗目标，明确"本党承认苏维埃管理制度，把工农劳动者和士兵组织起来，并承认党的根本政治目的是实行社会革命"②；并特别强调与人民群众的血肉联系，指出："我们共产党，不是'知识者所组织的马克思学会'，也不是'少数共产主义者离开群众之空想的革命团体'，'应当是无产阶级中最有革命精神的大群众组织起来为无产阶级之利益而奋斗的政党，为无产阶级做革命运动的急先锋'"；明确要求共产党员要"到群众中去"，要组成一个大的"群众党"，并将"党的一切运动都必须深入到广大的群众里面去"确定为中国共产党人的必须遵循的重大铁律③。除了服务于人民群众，中国共产党还将唤醒、组织广大民众作为自身的职责和使命，指出："各阶级革命的民众呵！外国帝国主义及本国军阀所加于我们的痛苦，已经使我们不能再忍受下去了！我们有没有推翻他们的力量呢？确是有了，所差的只是'国民的自信力'。"④因此，将"二百万有组织的工农群众"以及商人、学生、兵士等"有组织的民众团结起来"，建立"国民的联合战线"，革命的力量就一定能够壮大⑤。在革命潮流高涨，党员队伍迅速扩大之时，中国共产党站在人民群众的立场之上，敏锐地看到投机腐败分子也随之混入。为防止党因腐化而"为群众所厌弃"，明确要求各级党部"迅速审查所属同志，如有此类行为者，务须不容情的洗刷出党，不可

① 储安平：《失败的统治》，储安平主编：《观察》第一卷第三期，第3—4页。

② 《中国共产党第一个纲领》（1921年7月），《建党以来重要文献选编》第1册，中央文献出版社2011年版，第1页。

③ 《关于共产党的组织章程决议案》（1922年7月），《建党以来重要文献选编》第1册，中央文献出版社2011年版，第162页。

④ 《中国共产党对于时局的主张》（1926年7月12日），《建党以来重要文献选编》第3册，中央文献出版社2011年版，第263页。

⑤ 《中国共产党对于时局的主张》（1926年7月12日），《建党以来重要文献选编》第3册，中央文献出版社2011年版，第263页。

令留存党中，使党腐化，且败坏党在群众中的威望"①。马克思第一次科学地阐明了人民群众在历史发展中的地位和作用问题，认为人民群众是人类历史活动的主体，是人类社会全部物质财富和精神财富的创造者。中国共产党是按照马克思主义的原则建立起来的工人阶级政党，因而在和人民群众的关系问题上，党是人民群众全心全意的服务者，它反映人民群众的利益和意志，并且帮助人民群众组织起来，为自己的利益和意志而斗争。毛泽东在领导中国革命运动的过程中，深刻认识到人民群众不仅是中国革命的力量之源，也是中国革命的价值所在。1939年2月，毛泽东致信张闻天，首次在我们党内提出了"为人民服务"的概念。1942年，毛泽东《在延安文艺座谈会上的讲话》中指出，我们的文艺是为人民的，是为着人民大众的。1943年，毛泽东在党内指示中提出了为群众服务的思想。1944年9月8日，毛泽东在张思德烈士追悼会上作了《为人民服务》的讲演，第一次从理论上深刻阐明了为人民服务的思想。在党的七大开幕词中，他说，我们应该谦虚，谨慎，戒骄，戒躁，全心全意地为中国人民服务，首次使用了"全心全意为人民服务"的概念。党的七大把中国共产党人必须具有全心全意为中国人民服务的精神写入了党章。可以说，毛泽东特别注重将马克思主义理论与中国革命与建设的实践相结合，正确运用马克思主义唯物史观，对中国共产党同中国广大人民之间的关系，以及共产党人的价值观、行为准则和检验自己的工作标准等进行了科学地分析和概括，阐明了党同人民群众之间互相依存、不可分割的辩证关系，揭示了党的力量源泉之所在；阐明了党没有自己的特殊利益，人民的利益就是党的利益和共产党人为人民谋利益的价值取向，揭示了党的先进性、纯洁性和战斗力的关键之所在；阐明了检验党和党员的思想和工作对与错、成与败、得与失的最高标准，揭示了党自我完善发展的正确途径之所

① 《中央扩大会议通告——坚决清洗贪污腐化分子》（1926年8月4日），《建党以来重要文献选编》第3册，中央文献出版社2011年版，第348页。

在，成为其高度重视社会建设的理论基础。

中国共产党不仅在理论与政策上信赖人民、服务人民，在具体实践中也是将人民群众的利益与福祉放在首位。

井冈山时期，工农红军的生活条件非常艰苦，尽管如此，毛泽东仍然把群众的疾苦放在首要位置。他强调："我们的第一个方面的工作并不是向人民要东西，而是给人民以东西。"①遇到灾荒年月或是其他自然灾害的时候，对农民实施"救济饥荒"的政策，并"得呈明高级苏维埃政府核准，免纳土地税"②，以减轻乡民负担，保障民生；同时还强调要"募捐救济难民"，对于家里遇到特殊困难，如"乡里火烧了房子的"，失业的工人和生病无钱就医，都要募捐救济。在对灾民、难民救济的同时，还要求"老弱残废以及孤寡，不能自己劳动，而且没有家属可依靠的人，应由苏维埃政府实行社会救济"③；为解决前线战士的后顾之忧，要求救济红军家属，为军属解决切实困难问题。全面抗战开始后，为了保障抗日人民的基本生活，中共明确提出要"救济失业，调节粮食，赈济灾荒"。在这一纲领指导之下，在陕甘宁边区开展了赈济救灾、救济失业和优待抗属等社会保障工作。一方面，边区政府直接向灾民、难民发放急赈粮款和其他生活物资，进行直接救济，以解燃眉之急。另一方面，在进行直接救济的同时，边区政府也深刻地认识到仅仅依靠直接的赈济救灾是不够的，要从根本上解决灾民、难民问题，还要不断增强生产能力，组织群众通过发展生产进行自救。为此，政府组织灾民、难民通过垦荒、兴修水利等进行生产自救。为了加强赈济工作的推行，灾区各县成立了赈济委员会，并颁布了《优待难民办法》《陕甘宁边区政府关于安置难民的通令》《陕甘宁边区优待移民垦荒条例》等条例，确保赈济工作的顺利进行。解放战争时期，解放区的工人阶级已经获得了解放，在新的国家企业和

---

① 《毛泽东文集》第二卷，人民出版社1993年版，第467页。

② 《毛泽东文集》第一卷，人民出版社1993年版，第50页。

③ 《中共中央文件选集》第7册，中共中央党校出版社1991年版，第777页。

合作社企业中，工人成为或部分地成为企业的主人，这为发展劳动者的劳动保护和职工福利事业提供了有力的保障。

在解放区实行保障职工最低生活水准的政策，"即职工最低工资，连本人在内要够维持两个人的生活"，而且还规定"最低工资不能不因物价高涨而增加"①。为加强劳动保护，要求企业"尽可能改善工厂健康设备和安全设备"，由于还处在战争时期，没有全国统一的社会保障系统，所以当工人出现"伤害、疾病、老残等等的医疗、津贴、抚恤，暂由工厂负责办理，或由工厂和工会共同办理"②。职工的教育、贫困救济等福利事业也由工厂和工会共同负责。至于失业工人，则要进行失业救济。由政府负责组织生产，帮助他们重新就业。为有效保障工人劳动保护与职工福利的权益，须签订劳动契约，对工人的劳动条件、任用与解雇、劳动保护及福利都要有具体的规定。

正是牢牢将人民群众的利益放在首位，得到了人民群众的衷心拥护和鼎力支持，中国共产党在强大敌人的打击与"围剿"下，虽然多次陷入险境，但总能生存并发展起来，最终通过解放战争取得民主革命的伟大胜利。

从实力对比上讲，抗战胜利之初，国共双方实力悬殊较大，国民党占绝对优势。抗日战争刚刚结束时，国民党军共430万人，且装备精良。其陆军主力部队的装备和当时反法西斯战场上的盟军是一样的，就连士兵的鞋带都和美军的一样，更不要说武器了——轻武器都是盟军装备，重炮都是美式榴弹炮。此外，国民党还拥有空军和海军。据国民党航委会主任周至柔报告，"政府军"有可起飞的飞机344架，完全掌握制空权，并有海军船舰240多艘。相对于国民党，此时中国共产党的人民军队无论数量还是装备都远远落后。在军队数量上是120万，最好的主力部队装备是步枪，部队的火炮就是缴获的日本山炮。

---

① 《中共党史参考资料》第十一册，人民出版社1981年版，第242页。

② 《中共党史参考资料》第十一册，人民出版社1981年版，第243页。

在社会各界的态度方面，抗战胜利后的一个阶段，由于抗日战争的胜利及中国进入世界"五强"，普遍将国民党和蒋介石视为"正统"，蒋介石的声望达到顶点。1943年4月4日，蒋介石前往中央大学和重庆大学视察，受到数千学生欢呼。两年后的1945年12月16日，蒋介石在北平的太和殿会见两万多名大、中学生，又受到热烈欢迎，这可能是他在中国大陆时代最后一次得到青年的欢呼。他在当天的日记中写道："讲话毕，即往场中巡阅，初时学生尚有秩序，余与其中数人握手以后，其他学生皆离队前来，使余受围不能前进，余乃登坛答礼，正向西阶步出时，未下阶，学生又拥挤而上，以后愈挤愈紧，一时乃至不能吐气，侍卫心慌，拥余向外，而愈不能出，余欲立定亦不可得矣！如此拥挤在群众之中，或进或出，局促于一圈之内，足有一小时之久，此为从来所未经历之情景也。青年之热情有如此者，能不为之感奋乎？"①

显然，抗战胜利之初国民党无论在军事实力还是社会民意基础，都处于优越的地位。由于国共力量对比悬殊，从蒋介石到宋子文，再到国民党中宣部部长，再到领兵的国民党将领，多把中国共产党军队看成是"乌合之众"。1946年5月，四平战役国民党获胜后，蒋介石更不把中国共产党放在眼里，他对其内部人员说"中共除一部分外，本属乌合之众，经此次打击，势必瓦解无疑"，"共果不就范，一年期可削平之"②。全面内战爆发后，蒋介石的参谋长陈诚扬言："也许三个月至多五个月便能解决。"③然而，战局的发展却走向了他们愿望的反面：人民解放军仅用了3年多的时间，就消灭了国民党的几百万军队，摧毁了它的统治。其原因既然不在双方的实力，又在哪里呢？自古有言道："失民心者失天下，得民心者得天下。"归根结底，民心向背是

---

① 秦孝仪总编：《总统蒋公大事长编初稿》卷五（下），（台湾）中国国民党中央委员会党史委员会1978年编印，第903—904页。

② 《台湾往事》，湖南文艺出版社2012年版，第86页。

③ 《中央日报》1946年10月18日。

其根本原因。

首先，国共两党对和平、民主时代潮流的态度，使民心向中国共产党倾斜。

抗战胜利，全国人民翘首望治，期待和平民主。国共两党之间能否相忍为国、和衷共济，成为举国关注的焦点。

中国共产党真心实意追求和平、民主，力求通过和平途径实现中国社会的改革。为此，中共中央在抗战胜利后不久就提出了"和平、民主、团结"的方针。

早在中国共产党七大上，中共中央就明确提出反对内战的方针。毛泽东指出：在国际上，英美苏三大国的团结仍然是主要的，是统治一切和决定一切的；由于存在着这一有利的国际条件，国民党有可能作出让步，与我党取得妥协；中国因此可能在战后走上和平统一的道路，废止国民党一党专政，实行民主改革，建立包括各党派在内的联合政府。抗战胜利后，中共中央在分析国内外形势和中国政局的发展趋向的基础上于1945年8月23日提出了和平、民主、团结三大口号，并决定与国民党进行谈判。毛泽东在会上发言时指出：现在的情况是抗日战争的阶段已经结束，进入和平建设阶段，全世界欧洲、东方都是如此，都进到和平建设时期。显然，中国共产党力争和平、民主的愿望是真诚的、一贯的。

然而，国民党却坚持独裁和内战的方针。日本一投降，蒋介石就疯狂抢夺抗战胜利果实。他命令自己的部队"积极推进，勿稍松懈"；命令沦陷区伪军"维持治安"；唯独命令共产党领导的第十八集团军"应就原地驻防待命"。按照蒋介石的主观愿望，他下一步的打算就是要发动内战，消灭共产党，消灭共产党领导的解放区和人民军队。为了达到消灭中国共产党、维护一党专政的目的，国民党不惜撕毁政治协商会议决议，悍然发动内战，撕碎了抗战胜利后全国人民翘首以待的和平与民主梦想，也将自己推到全国人民的对立面。

其次，国民党军政贪污腐化，共产党队伍清正廉洁。

抗战胜利后，国民党实行由其一党垄断接收敌伪资产的方针，造成各类接收机关林立。许多国民党党、政、军大员从重庆飞临收复区，把接收变为"劫收"。他们趁接收之机，贪污盗窃，敲诈勒索，贪赃枉法，中饱私囊。收复区的群众称其为"三阳开泰"（爱东洋、捧西洋、要现洋）、"五子登科"（竞相抢金子、房子、票子、车子、女子）；在拘捕、审判汉奸时，也出现了收贿减罪的现象，民众称之为"有条有理，无法无天"（"条"指金条，"法"指法币），结果使一些汉奸摇身一变而成为"地下工作者""地下军"，趾高气扬，无恶不作。时任中国战区统帅参谋长、驻华美军司令魏德迈在给美国政府的报告中尖锐地指出："国民政府的胡作非为已经引起接管区当地人民的不满，此点甚至在对日战争一结束后，国民政府即严重地失去大部分人的同情。"①就连当时负责接收的重要人物邵毓麟也不得不向蒋介石进言："像这样下去，我们虽已收复了国土，但我们将丧失人心！"他认为，这样等于"在一片胜利声中，早已埋下了一颗定时炸弹"②。

此外，国民党还利用接收之便，将巨额敌伪资产转归官僚资本集团控制的部门占有，其中很大部分被官员个人侵吞。战后，在各沦陷区等待接收的日伪产业约为4万亿元，这几乎是当时中国的九成家产。在宋子文的主导下，一大批以"中国"为名号的国营垄断企业纷纷挂牌诞生，如中国盐业公司、中国蚕丝公司、中国植物油料公司、中国造纸公司、中国纺织建设公司、中国茶叶公司、中国石油有限公司、中国渔业有限公司、中华水产公司、中华烟草公司等等。它们以划拨的方式无偿得到了数以千计的质量最好的资产。据经济部统计，到1946年6月，已经接收的2243个工矿企业中，作"拨交"处理的就高达1017个，标卖给民营的只有114个，还不到接收工厂总

---

① 《中美关系资料汇编》第一辑，世界知识出版社1957年版，第192页。

② 邵毓麟：《胜利前后》，台湾传记文学出版社1967年版，第76、87页。

数的5%。从产量计，国家资本控制了全国煤的33%、钢铁的90%、石油和有色金属的100%、电力的67%、水泥的45%、纱锭的37%、织布机的60%，此外，铁路和银行早已被完全掌握，一个强大而垄断的国家资本主义格局全面形成。

综上，国民党内信仰危机和组织结构瘫痪，使其政治无力，行政失效，贪污腐化成风。连蒋介石都不得不承认："自抗战胜利以来，本党在社会上的信誉已一落千丈。……老实说，古今中外，任何革命党都没有我们今天这样颓唐和腐败，也没有我们今天这样的没有精神，没有纪律，更没有是非标准的。这样的党，早就应该被消灭，被淘汰了。"[1]

中国共产党及其领导的解放区则是另一番景象。从毛泽东到一般共产党员都能够严格要求自己，发扬艰苦奋斗的精神，努力实践全心全意为人民服务的宗旨。解放区基本上没有贪污腐败现象。早在抗战时期就盛传革命圣地延安"十没有"：一没有贪官污吏，二没有土豪劣绅，三没有赌博，四没有娼妓，五没有小老婆，六没有叫花子，七没有结党营私之徒，八没有萎靡不振之风，九没有人吃摩擦饭，十没有人发国难财。就像歌里唱的那样，"解放区的天是明朗的天，解放区的人民好喜欢"。这是对中国共产党领导的解放区的真实写照。

再次，国民党坚持独裁统治，拒绝实施社会改革，对广大人民横征暴敛；中国共产党代表全国人民的利益，在解放区广泛实行民主，而且实行了轰轰烈烈的土地改革运动和其他改革。

在对日伪资产的接收中，国民党获得了不少的补偿。加上广大的东南地区被收复，丰厚的税源得以开辟。此后美国又提供了数额相当可观的经济和军事援助。因此在内战爆发前，国民政府在财政上虽然十分吃紧，但并未到

---

[1] 刘宝东：《为什么能建立新中国——〈历史的轨迹：中国共产党为什么能〉(4)》，《学习时报》2011年4月11日。

举步维艰的程度。而国民党发动内战，不仅把中国重新投入战火，还导致了其财政因军费沉重而陷入危机。

国民党军费巨大，军队官兵要发饷、要吃饭，这是一笔巨大的支出。蒋介石的亲信、曾任江西省主席的王陵基说，他的很大任务就是征粮送东北内战战场，不问丰歉，都征到九成以上，由于征粮任务重，江西省田粮处处长被他逼得在吉安跳水。国民党短期内又不能打赢内战，局势无法平稳，致使经济出现严重危机，造成恶性通货膨胀，物价狂涨，蒋介石却不在意，以为只是暂时现象。胡秋原曾说："政府的军费，百分之七十用于东北，每月飞机运送金圆券发饷，次日原机返回上海，换成黄金，再飞东北。"[①]

为了支持内战，筹措军费，挽救财政危机，国民党采取了发行内外债、征收捐税和增发纸币等各种措施。仅就征税而言，国民党政府不仅调整原有各税征收办法，还大量开征全国统一新税和地方性新税，结果，各地税项五花八门，"漫无标准，毫无预算，官吏上下其手，层层剥削。比如专员、县长下乡之招待费，官吏用之一分，民间负担十分，怨声载道，忍痛忍受，失去民心，莫此为甚"[②]。相比产业经济上的国营化运动，国民党政府在货币政策上的失误更加不可宽恕。1947年，法币发行量达30多万亿元，为上一年的10倍，比1945年则增加25倍。到1948年的第二个季度，已发行法币660万亿元，3年猛增1180倍，相当于抗战前夕发行额的47万倍。乱发钞票的结果就是，引发了中国两千年历史上最严重的恶性通货膨胀。1945年3月，美元对法币的战时汇率1：20被改为1：2020，8月变为1：3350，1946年2月上升为1：1.2万。抗战前到抗战后，物价上涨了1800倍，到1947年7月，上涨了6万倍。1937年6月到1948年8月，法币的发行量增加了470704倍，物价指数上涨了72555862倍。法币的购买力逐年大幅度下降。据美联社1947年7月

---

① 高华：《革命年代》，广东人民出版社2012年版，第358页。

② 《中华民国史档案资料汇编》第五辑第三编《财政经济》（1），江苏古籍出版社2000年版，第559页。

24日上海电讯，法币100元在1937年可买2头牛；1938年可买1头牛；1941年可买1只猪；1943年可买1只鸡；1945年可买1条鱼；1946年可买1个鸡蛋；1947年可买1/3盒洋火，1948年只有天知道能买什么。恶性通货膨胀和物价飞涨，使得广大人民一次又一次地遭到洗劫，他们挣扎在死亡线上，对国民党从失望进而到绝望。

而中国共产党与此相反，一切都从人民的利益出发。众所周知，农民问题是中国革命的基本问题，而农民问题首要的是土地问题。毛泽东指出："土地制度的彻底改革，是现阶段中国革命的一项基本任务。如果我们能够普遍地彻底地解决土地问题，我们就获得了足以战胜一切敌人的最基本的条件。"①中国共产党于1946年发布了《五四指示》，随后于1947年9月制定了《中国土地法大纲》。《中国土地法大纲》宣布，没收地主的土地财产，征收富农多余的土地财产，将之平均分配于无地少地的农民，实行"耕者有其田"的土地制度。在第十一条中明确规定："分配给人民的土地，由政府发给土地所有证，并承认其自由经营、买卖及在特定条件下出租的权利。"②亦即承认改革后的土地私有性质。在"保田参战"的口号下，成千上万的农民参军参战，组建民兵，支援前线，保卫解放区。这就使中国共产党获得了足以战胜敌人的取之不尽的人力、物力资源。淮海战役胜利后，陈毅元帅曾说过：淮海战役的胜利是农民用小车推出来的。其实，何止淮海战役，离开广大农民的支援，整个解放战争的胜利都是不可想象的。

就这样，战后短短5年间，国民党政府在敌产国营化中失去了私营企业家的支持，在货币改革中失去了城市居民的支持，而在土地改革中则让共产党夺去了农民的支持。此外，中国共产党在城市实行依靠工人阶级、小资产阶级和进步分子，并注意团结民族资产阶级及其他中间分子，形成反对美蒋

---

① 《毛泽东选集》第四卷，人民出版社1991年版，第1252页。

② 《建党以来重要文献选编》第24册，中央文献出版社2011年版，第419页。

反动派的广泛统一战线。在城市工作中，中国共产党全心全意依靠工人阶级，千方百计地解决工人的各种困难，同时坚决实行保护民族工商业的政策，使民族资本主义经济得到了较好的发展。这样中国共产党就得到了包括民族工商业者在内的广大中国人民的支持。

最后，国民党进行的战争得到了美帝国主义的支持，损害了中国的主权与尊严；而中国共产党为了维护中华民族的根本利益，敢于坚决反对帝国主义，反对美国在战后把中国殖民地化，反对国民党出卖中国利益，坚决维护中国的主权与尊严。

美国政府是蒋介石的主要支持者。战争初期，美国给了蒋介石大约20亿美元的军事、经济援助。帮助国民党运送了54万军队到东北、华北、华东、华南各地。为国民党装备了45个师，训练各类军、警、特人员15万人。1946年3月，美国还组织了2000余人的军事顾问团，直接参与蒋介石的内战策划。大量事实表明，蒋介石敢于撕毁政协协议，发动内战，同美国政府对他的支持和援助有直接关系。

对美国的支持，蒋介石以出卖国家主权作为回报。为此，国民政府和美国签订了一系列公开或秘密的丧权辱国的协定和条约。其中1946年11月签订的《中美友好通商航海条约》，简称《中美商约》就是一个典型。条约规定：美国人有在中国领土全境内居住、旅行及通商的权利，美国的船舶可以在中国开放之任何口岸、地方或水域内自由地航行，可以不受限制地在几个口岸停泊。条约表面上规定"互惠"。凭借这些条约，美国对华商品输出和资本输出都取得了独占地位。廉价的美国货（包括大批战时的剩余物资）充斥中国的城乡市场，以至当时上海永安等百货公司货架上80%是美国货，当时人们形容说是"无货不美，有美皆备"。美货的价格，据上海1946年的统计，一般均较国货低3—5倍，有的竟达10余倍。在这种情况下，不但工商界被挤得无立足之地，中国人民的血汗也被其吮吸殆尽。因此，人们说美货就是"美祸"。在全部外国在华资本中，美国资本占80%，此外驻华美军还利用其特权大肆走私，这就使本来就处于困境的中国民族资本遭到毁灭性打击。中美之间的不平等条约还规定，驻华美军肇事只由美国宪警处理，这就更加纵容了美军在华的暴行。1946年12月24日发生的美国军人强奸一名北大女生事件，就是其中的典型。这些事实逐渐使人民认识到蒋介石打的这场内战的卖国主义实质，也认识到美国政府的"扶蒋反共"政策是中国人民遭受苦难的一个重要根源。

中国共产党曾经希望战后能在平等的基础上同美国发展关系，也曾告诫美英政府，"不要使他们自己的外交政策违反中国人民的意志，因而损害同中国人民之间的友谊"①。当美国政府无视中国人民的警告，成为蒋介石内战政策的实际支持者的时候，中国共产党为了争取民族独立和人民解放，就毫不犹豫地对美帝国主义进行坚决的揭露和斗争。

1949年4月20日、21日，英国的"紫石英"号等4艘军舰侵入中国内河长江，并开炮打死打伤人民解放军200余人，企图阻止人民解放军过长江。解放军坚决反击，结果打伤英军的"紫石英"号军舰。此事震动了英伦三岛。英国首相艾德礼和前首相丘吉尔都发表威胁性讲话，甚至说要派航空母舰到中国来进行报复。为此，中国人民解放军总部发表声明，指出，中国的领土主权，中国人民必须保卫，决不允许外国来侵犯。声明表达了中国人民维护国家主权和民族尊严的坚强决心。它表明，自鸦片战争以来外国侵略者依靠船坚炮利在中国领土上横行不法的时代一去不复返了。中国人民从中国共产党人敢于坚决反对侵略的行动上看到了中国的未来与希望。

中华人民共和国成立前夕，美国国务卿艾奇逊在给总统杜鲁门的信中无可奈何地说："中国内战所造成之总结果，系在美国政府控制能力范围之外，此乃一不幸而不可避免之事实。"②担任过北大校长，在国民党政府中做过教

---

① 《毛泽东选集》第三卷，人民出版社1991年版，第1085页。

② 《美国与中国的关系》，中国现代史资料编辑委员会1957年版，第8页。

育部长和副秘书长的蒋梦麟，在1950年向美国国务院人士谈中国的问题时说："中国国民党过去领导了一场政治革命（指辛亥革命），但是没有认识到中国正在进行一场社会革命。共产党认识到了这一点，并且抓住了这场革命的领导权。"所以他认为，"美国无论怎样做，最多只能推迟国民党的失败，却不能改变其结果"①。

国共两党逐鹿中原的历史进程表明，国民党作为大地主、大资产阶级的政党，为维护大地主、大资产阶级的利益而发动的战争，是一个在美帝国主义指挥之下的反对中国民族独立和人民解放的反革命战争，必然为人民所反对。中国共产党是中国工人阶级的先锋队，是中华民族和中国人民根本利益的代表者。中国共产党领导的人民解放战争具有爱国主义正义的革命性质，必然获得全国人民的拥护。这就是全国解放战争中，人民抛弃国民党、选择共产党的根本原因。

二、发展之道

中华人民共和国的成立，同历史上任何一个朝代有着本质的区别，社会制度和政权性质都发生了根本的改变。它是人民当家作主人的统一，是由广泛的人民民主统一战线作为政治保障的统一，是建立在各民族之间平等、团结基础上的统一。为最广大人民的利益而奋斗，贯穿社会主义建设和改革开放进程的始终。

1949年9月21日，中国人民政治协商会议第一届全体会议在北平正式开幕。参加会议代表共622人，分别来自中国共产党和各民主党派、各人民团体、少数民族、海外华侨等各个方面，广泛代表着各种民主力量。毛泽东在

---

① 资中筠著：《追根溯源——战后美国对华政策的缘起与发展（1945—1950）》，上海人民出版社2000年版，第221—222页。

开幕词中指出："现在的中国人民政治协商会议是在全新的基础之上召开的，它具有代表全国人民的性质，它获得全国人民的信任和拥护。因此，中国人民政治协商会议宣布自己执行全国人民代表大会的职权。"中国人民政治协商会议通过的《中国人民政治协商会议共同纲领》，作为新诞生的中华人民共和国的临时宪法，明确规定：中华人民共和国的国家属于人民，人民行使国家政权的机关为各级人民代表大会和各级人民政府，各级人民代表大会由人民用普选方法产生。

人民代表大会制度作为我国的根本政治制度，代表广大人民的共同意志和根本利益，动员全体人民以主人翁的地位投身国家建设，维护国家统一和民族团结，是在国家政权中充分发扬民主、贯彻群众路线的根本途径和最高实现形式。

早在1940年，毛泽东在《新民主主义论》中分析中国革命的前途时，根据中国共产党民主政治建设实践经验，首次提出中国革命胜利后的政权组织形式是要建立人民代表大会制度，按照民主集中制的原则建立从全国到省、县、区、乡的人民代表大会系统，并由各级人民代表大会决定大政方针、选举政府。解放战争时期，我党在新老解放区相继召开了各级人民代表会议，产生了各级人民政府。这些不同革命历史时期出现的各种政权组织形式，为人民代表大会制度的建立和发展奠定了坚实的理论基础，提供了丰富的实践经验。

中华人民共和国成立后，经过几年的过渡和积累，在1953年我国进行了第一次大规模的普选，自下而上逐级召开了人民代表大会。1954年9月，第一届全国人民代表大会第一次会议胜利召开，制定了新中国第一部宪法。这部宪法明确规定：中华人民共和国的一切权力属于人民；人民行使国家权力的机关是全国人民代表大会和地方各级人民代表大会。至此，我国人民代表大会制度以根本法的形式正式确立。在人民代表大会制度建立后的3年多时间里，人民代表大会制度建设和人大工作开展得相当活跃，社会主义民主与法制建设取得了重要进展，促进了我国社会主义工业化和社会主义改造的顺利进行。

中国共产党领导的多党合作和政治协商制度是中国共产党努力追求民主政治的产物。抗战胜利后，为废除国民党一党专政，成立多党合作的联合政府，于1946年1月召开政治协商会议，并最终达成了五项协议。但国民党为维护其一党独大的地位，擅自撕毁政协协议，进而发动全面内战。中国共产党坚持和继承了党派协商的政协路线，于1948年发布了著名的"'五一'劳动节口号"，号召召开新的政治协商会议，成立民主联合政府，受到各民主党派和无党派民主人士的支持和拥护。他们经过长期的革命实践比较，自觉地选择了中国共产党的领导，接受了中国共产党在中国各种革命力量中的核心领导地位，公开表示愿意在中国共产党的领导下，共同为建立新中国而奋斗。经过中国共产党与各民主党派和无党派民主人士的共同努力，1949年9月召开的中国人民政治协商会议第一届全体会议取得了圆满成功，成为中国共产党领导的多党合作的一次空前的历史盛会，并成功地创造出一种适合中国国情的崭新的政党制度——中国共产党领导的多党合作和政治协商制度。这一制度的形成和发展，"是中国近现代历史发展的必然选择，是马克思列宁主义与中国实际相结合的产物，是中国共产党和各民主党派智慧的结晶，符合中国国情和中国革命、建设、改革的实际，符合社会主义民主政治的本质要求，体现了中华民族和而不同、兼容并蓄的优秀文化传统，具有鲜明的中国特色。这项制度，既合乎时代发展潮流，又体现了中国社会发展的内在要求"①。

中国共产党领导的多党合作和政治协商制度的基本特征是"共产党领导、多党派合作，共产党执政、多党派参政"。中国共产党同各民主党派既亲密合作又互相监督，而不是互相反对；中国共产党依法执政，各民主党派依

---

① 国务院新闻办公室：《中国的政党制度》，《人民日报》2007年11月16日。

法参政，而不是轮流执政。这一制度作为一种新型的政党制度形式，在世界政党制度中独具特色。它以合作、协商代替对立、争斗，既避免了传统的一党制所导致的专制有余、民主不足的缺点，又克服了西方式两党制和多党制下政党互相倾轧所造成的政局不稳、政权频繁更迭的弊病，从而最大限度地减少社会内耗，维护安定团结的社会政治局面。这一制度既坚持中国共产党的坚强领导，又体现广泛民主；既保持一致性，又体现多样性；既规范有序，又充满活力。正是由于这一制度具有鲜明的中国特色和优势，因此受到了中国共产党与各民主党派和无党派民主人士的真诚拥护和支持，成为必须长期坚持的一项基本政治制度。

民族区域自治是中国共产党解决民族问题的一项基本政策，是我国的一项重要政治制度，是中国共产党把马列主义民族理论同我国民族实际相结合的一个创举，也是全国各族人民的共同选择。我国实行民族区域自治制度作为解决民族问题的基本政策，是中国共产党运用马克思主义理论，经过长期观察、实践后慎重决定的。中国共产党自成立以后，就非常重视民族问题。随着中国共产党的日益成熟，对中国国情认识的不断深化，逐步明确提出了符合我国国情的民族区域自治，作为解决中国民族问题的基本政策。1941年5月1日，陕甘宁边区政府颁布了《陕甘宁边区纲领》，其中规定："依据民族平等原则，实行蒙回民族与汉族在政治经济文化上的平等权利，建立蒙回民族的自治区。"1945年10月23日，中央在关于内蒙古工作方针的指示中指出："对内蒙的基本方针，在目前是实行民族区域自治。"1946年2月18日更明确指出："根据和平建国纲领要求民族平等自治，但不应提出独立自治口号。"在这一方针指导下，1947年5月1日，党领导建立了我国第一个省一级的内蒙古自治区，为以后在其他民族地区实行民族区域自治指明了方向，积累了宝贵的经验。1949年《中国人民政治协商会议共同纲领》中明确规定："各少数民族聚居的地区，实行民族区域自治，按照民族聚居的人口多少和区域大小，分别建立各种民族自治机关。"后来，"民族区域自治"又明确载入历次宪法，成为我国的一项重要政治制度。1952年，中国政府发布《中华人民共和国民族区域自治实施纲要》，对民族自治地方的建立、自治机关的组成、自治机关的自治权利等重要问题作出明确规定。

民族区域自治首先是民族自治，即中国范围内的少数民族的自治。中华人民共和国范围内的各民族在地位上应当是一律平等的，但是，由于历史上的原因，导致少数民族与汉族之间在政治、经济、文化等方面存在不同程度的事实上的差异，同时，各少数民族又具有自身的民族特点。因此，为了既促进少数民族地方的发展，又顾及少数民族的特点，在保证国家统一的前提下，由少数民族行使自治权，是一种有效的政策和制度。同时，民族区域自治又是区域自治，少数民族必须在民族自治地方范围内行使自治权，而民族自治地方必须以少数民族聚居区为基础建立。根据少数民族聚居区范围的大小，建立不同行政级别和地位的民族自治地方。民族自治以区域为基础，既不同于脱离一定区域的"民族文化自治"，也不同于离开少数民族的"地方自治"，而是以少数民族聚居区为基础的民族自治。对于散居的少数民族，国家同时采取了其他方法保障他们的平等权利，照顾他们的民族特点和民族习惯。民族区域自治的核心是聚居的少数民族行使自治权。民族区域自治的目的就是为了实现少数民族当家作主、管理本民族内部地方性事务的权利。民族自治机关行使自治权是少数民族聚居区实行民族区域自治制度的标志。正因为少数民族聚居区在经济、文化等方面与汉族地区相比较，既有一定的特殊性，客观上又有一定的差距，国家才实行民族区域自治制度，允许民族自治机关除行使一般地方国家机关的职权外，还行使宪法和有关法律、法规所规定的广泛的自治权。聚居的少数民族行使自治权的主体是民族自治地方的自治机关。因此，在民族自治地方需要建立相应的自治机关。根据宪法和民族区域自治法的规定，民族自治机关是我国的一级地方政权机关，在政权的性质、组织和活动原则上与一般行政区域的国家机关完全相同；同时，民族自治地方的国家机关并不都是自治机关，只是其中的国家权力机关和行政机关才是自治机关。民族区域自治制度实行的前提是国家的统一性和中央的统一领导。民族自治地方是国家统一领导下的行政区域，是中华人民共和国不可分离的组成部分。

如上三项政治制度无论在内容上还是在形式上都以人民当家作主为出发点和归宿，遵循权力运行的基本规律，规定党和国家组织与活动的基本原则，最大限度地集中社会资源，实现高效发展。中国共产党的坚强领导，保证了国家对经济建设和社会发展的统一规划和部署；各党派、各团体、各民族、各阶层和各界人士自觉围绕中心、服务大局，共同推动中国社会主义建设事业蓬勃发展。

从高度重视人民群众地位和作用出发，党的十一届三中全会以来，以邓小平为核心的党的第二代中央领导集体，否定了以阶级斗争为纲的无产阶级专政下继续革命的错误理论和实践，对现阶段的阶级斗争和主要矛盾作出了正确的分析和判断，明确了人民民主专政的主要对象，指出了人民民主专政的根本任务是保障生产力的发展，保障现代化建设，为坚持人民民主专政奠定了科学的思想理论基础。

为了保证全体人民更好地行使国家权力，改革开放新时期，党领导人民在坚持和完善人民代表大会制度方面取得了很大进展。一是改革和完善选举制度，把人民代表的选举由等额选举改为差额选举，把直接选举人民代表的范围扩大到县一级。二是健全了人大的组织体系。1979年7月五届全国人大二次会议通过了关于修改《中华人民共和国宪法》若干规定的决议，制定和通过了《中华人民共和国地方各级人民代表大会和地方各级人民政府组织法》。这部法律根据加强人民代表大会制度的需要，同时为了保障地方各级人民政府集中精力从事经济和其他行政工作，规定县级以上地方各级人民代表大会设立常务委员会，作为本级人大的常设机关，同时设立本级人民政府作为本级行政机关。地方各级人民政府向本级人大及其常委会负责并报告工作。在县级以上地方各级人大设立常委会，这也加强了对同级人民政府、法院、检察院的监督。三是加强人大的组织建设和工作制度建设。在组织建设方面，现行宪法规定，全国人大常委会委员不得担任国家行政机关、审判机关和检察机关的职务，从而使相当数量的委员专职化。全国人大相继增设了一些专门委员会，在全国人大及其常委会的领导下，负责研究、审议和拟定有关议案。在工作制度方面，1989年制定的全国人大议事规则，对全国人民代表大会的举行，议案的提出和审议，听取和审议政府工作报告，听取和审查国家计划和国家预算，国家机构组成人员的选举、罢免、任职和辞职，询问和质询，成立特定问题调查委员会，对发言和表决等作了系统的规范。1991年制定全国人大和地方各级人大代表法，保证各级人大代表依法行使职权。人大工作的制度化和规范化，对完善人民代表大会制度，发挥了重要作用。

民主集中制是中国共产党的根本组织制度和领导制度。以邓小平为核心的党的第二代领导集体在总结经验教训的基础上，把继承、坚持同发展、创新辩证地统一起来，对在改革开放条件下如何加强和完善民主集中制建设进行了新思考，作出了新贡献。

一是阐明了民主集中制是社会主义制度的重要组成部分，也是社会主义制度的优势。1979年，邓小平在批评一些人搞极端民主化时指出："民主集中制是社会主义制度的一个不可分的组成部分。"[1]为了更好地坚持民主集中制，他一再要求必须引导人民正确认识民主和集中的关系、民主和专政的关系，引导人民认识到民主集中制"更利于团结人民，比西方的民主好得多"[2]。20世纪80年代末90年代初，国际风云变幻，要不要坚持民主集中制的问题尖锐地提到中国共产党面前。对此，邓小平坚定地回答，民主集中制是我们党和国家的根本制度，也是最便利的制度，最合理的制度，永远不能

---

① 《邓小平文选》第二卷，人民出版社1994年版，第175页。

② 《邓小平文选》第三卷，人民出版社1993年版，第257页。

丢。把民主集中制作为社会主义制度的一个有机组成部分提出来，从而揭示出民主集中制对社会主义制度所具有的根本意义，这是党的第二代领导集体对民主集中制思想的一个发展。这不仅有利于我们坚定不移地坚持民主集中制，而且为改革和完善党和国家的领导制度、组织制度指明了方向与重点。

二是强调充分发扬党内民主，切实保障各级党组织和党员的权利。回顾历史，邓小平深刻地指出："在过去一个相当长的时间内，民主集中制没有真正实行，离开民主讲集中，民主太少。"①这种现象，同我国历史上封建主义的影响有关，也同国际共产主义运动中长期实行的各国党的工作中领导者个人高度集权的传统有关。民主是集中的基础，离开了民主的集中，必然会造成少数人专权，酿成严重的后果。有鉴于此，党的第二代领导集体在坚持毛泽东提出的"党内生活的民主化"思想基础上，明确指出："当前这个时期，特别需要强调民主。"②这是我们党今后一个长时期坚定不移的目标。同时，邓小平还弥补了过去对如何保障各级党组织和党员民主权利认识不足的缺陷，指出："要创造民主的条件"；"在党内和人民内部的政治生活中，只能采取民主手段，不能采取压制、打击的手段。宪法和党章规定的公民权利、党员权利、党委委员的权利，必须坚决保障，任何人不得侵犯"③。

三是加强民主集中制的制度建设。党的第二代领导集体在总结历史，特别是"文化大革命"的教训时更深刻地认识到了制度建设的重要性。邓小平指出："我们过去发生的各种错误，固然与某些领导人的思想、作风有关，但是组织制度、工作制度方面的问题更重要。""不是说个人没有责任，而是说领导制度、组织制度问题更带有根本性、全局性、稳定性和长期性。"④这样，就把制度建设放到了"关系到党和国家是否改变颜色"的前所未有的高

---

① 《邓小平文选》第二卷，人民出版社1994年版，第144页。

② 《邓小平文选》第二卷，人民出版社1994年版，第144页。

③ 《邓小平文选》第二卷，人民出版社1994年版，第144页。

④ 《邓小平文选》第二卷，人民出版社1994年版，第333页。

度。党的第二代领导集体不仅揭示了民主集中制的制度建设的极端重要性，而且还具体阐述了加强民主集中制制度建设的措施：即健全党的集体领导制度。邓小平一再强调，要明确哪些问题应由集体讨论，哪些应由个人负责，重要事情一定要集体决定。为避免个人过分集权，必须严格实行少数服从多数，一人一票，不能由第一书记说了算。这就破除了党的历史上曾有过的毛泽东"有最后的决定之权"的特殊规定，有利于保持党的领导的正确和有力量。

进入新世纪，党中央高度重视怎样使党在复杂的国内外形势下始终充满活力。对此，江泽民指出："我们党要始终代表中国最广大人民的根本利益，就是党的理论、路线、纲领、方针、政策和各项工作，必须坚持把人民的根本利益作为出发点和归宿，充分发挥人民群众的积极性、主动性、创造性，在社会不断发展进步的基础上，使人民群众不断获得切实的经济、政治、文化利益。"[1]2000年2月25日，江泽民在广东省考察工作时，第一次完整地提出了坚持"三个代表"重要思想的新要求。他指出："在二十世纪里，我们党团结和带领全国各族人民，为实现民族独立、人民解放和国家富强、人民幸福，进行了长期的伟大斗争。我们党作出的杰出贡献，赢得了广大人民的衷心拥护。总结我们党七十多年的历史，可以得出一个重要结论，这就是：我们党所以赢得人民的拥护，是因为我们党在革命、建设、改革的各个历史时期，总是代表着中国先进生产力的发展要求，代表着中国先进文化的前进方向，代表着中国最广大人民的根本利益，并通过制定正确的路线方针政策，为实现国家和人民的根本利益而不懈奋斗。人类又来到一个新的世纪之交和新的千年之交。在新的历史条件下，我们党如何更好地做到这'三个代表'，

---

① 江泽民：《在庆祝中国共产党成立八十周年大会上的讲话》（2001年7月1日），《江泽民文选》第三卷，人民出版社2006年版，第279页。

是一个需要全党同志特别是党的高级干部深刻思考的重大课题。"①

在以邓小平、江泽民为核心的中国共产党第二、三代中央领导集体的领导下，中国共产党带领全国各族人民经过不懈努力，终于在新世纪到来之前的1997年，在人口比1980年增长3亿左右的情况下，提前3年实现了人均国民生产总值比1980年翻两番的第二步现代化发展目标。据国家统计局负责人透露："到2000年，我国人均国内生产总值超过800美元，人民生活总体上达到小康。到2001年，人均国内生产总值超过900美元，人民生活总体上实现了由温饱到小康的历史性跨越，进入全面建设小康社会的新阶段。"②正因为如此，2002年11月8日，江泽民在党的十六大上代表中共中央庄严宣布："经过全党和全国各族人民的共同努力，我们胜利实现了现代化建设'三步走'战略的第一步、第二步目标，人民生活总体上达到小康水平。这是社会主义制度的伟大胜利，是中华民族发展史上一个新的里程碑。"③在此基础上，这次大会明确提出了在新世纪头20年"全面建设惠及十几亿人口的更高水平的小康社会"的阶段性奋斗目标，从此，我国进入了全面建设小康社会、加快推进社会主义现代化的新的发展阶段。

同时也应看到，世纪之交，我国达到的小康还是低水平的、不全面的、发展很不平衡的小康，人民日益增长的物质文化需要同落后的社会生产之间的矛盾仍然是我国社会的主要矛盾。这主要表现为：我国生产力和科技、教育还比较落后，实现工业化和现代化还有很长的路要走；城乡二元经济结构还没有改变，地区差距扩大的趋势尚未扭转，贫困人口还为数不少；人口总量继续增加，老龄人口比重上升，就业和社会保障压力增大；生态环境、自

---

① 江泽民：《在新的历史条件下更好地做到"三个代表"》（2000年2月25日），《江泽民文选》第三卷，人民出版社2006年版，第2页。

② 新华社北京2002年11月6日电：《党的十五大目标如期实现》，《京华时报》2002年11月7日，第2版。

③ 江泽民：《全面建设小康社会，开创中国特色社会主义事业新局面》（2002年11月8日），《江泽民文选》第三卷，人民出版社2006年版，第542页。

然资源和经济社会发展的矛盾日益突出；我们仍然面临发达国家在经济科技等方面占优势的压力；经济体制和其他方面的管理体制还不完善；民主法制建设和思想道德建设等方面还存在一些不容忽视的问题。因此，巩固和提高目前达到的小康水平，还需要进行长时期的艰苦奋斗。并且，基本实现小康并不等于完全实现小康，整体实现小康也不等于所有地区及社会经济各方面都实现小康。新世纪头20年我们建设的小康社会，是"惠及十几亿人口的更高水平的小康社会"，是"经济更加发展、民主更加健全、科教更加进步、文化更加繁荣、社会更加和谐、人民生活更加殷实"[①]的全面发展的小康社会。

2007年党的十七大报告根据国内外形势的新变化，顺应各族人民过上更好生活的新期待，在十六大确立的全面建设小康社会目标的基础上，又提出了新的更高要求，这就是：增强发展协调性，努力实现经济又好又快发展；扩大社会主义民主，更好保障人民权益和社会公平正义；加强文化建设，明显提高全民族文明素质；加快发展社会事业，全面改善人民生活；建设生态文明，基本形成节约能源资源和保护生态环境的产业结构、增长方式、消费模式。报告还集中全党智慧，对"惠及十几亿人口的更高水平的小康社会"宏伟蓝图作了这样的描绘："到二〇二〇年全面建设小康社会目标实现之时，我们这个历史悠久的文明古国和发展中社会主义大国，将成为工业化基本实现、综合国力显著增强、国内市场总体规模位居世界前列的国家，成为人民富裕程度普遍提高、生活质量明显改善、生态环境良好的国家，成为人民享有更加充分民主权利、具有更高文明素质和精神追求的国家，成为各方面制度更加完善、社会更加充满活力而又安定团结的国家，成为对外更加开放、

---

① 江泽民：《全面建设小康社会，开创中国特色社会主义事业新局面》（2002年11月8日），《江泽民文选》第三卷，人民出版社2006年版，第543页。

更加具有亲和力、为人类文明作出更大贡献的国家。"①

全面建设惠及十几亿人口的更高水平的小康社会这一阶段性目标，是促进中国特色社会主义经济、政治、文化和社会全面发展进步的目标，它科学把握了社会发展的趋势和规律，符合我国国情和现代化建设的实际，反映了各族人民的愿望和要求。因此，党的十六大、十七大提出的全面建设小康社会的奋斗目标，极大地振奋了中华儿女的民族精神，激发起人们投身中国特色社会主义现代化建设、实现中华民族伟大复兴的积极性和创造性。

党的十六大以来，以胡锦涛为总书记的党中央立足社会主义初级阶段基本国情，总结我国社会主义事业发展实践，借鉴国外现代化发展经验，适应国内外形势发展的变化，根据经济社会发展和人民群众对党和国家工作的新要求新期待，提出了科学发展观等重大战略思想，进一步回答了实现什么样的发展、怎样发展、依靠谁发展、为了谁发展等一系列关系到中国未来前途和命运的重大问题。科学发展观要求在全面建设小康社会、加快推进社会主义现代化进程中，必须坚持把发展作为党执政兴国的第一要务；必须坚持以人为本，做到发展为了人民、发展依靠人民、发展成果由人民共享；必须坚持全面协调可持续发展，全面推进经济建设、政治建设、文化建设、社会建设；必须坚持统筹兼顾，既要总揽全局、统筹规划，又要抓住牵动全局的主要工作、事关群众利益的突出问题，着力推进、重点突破。作为新世纪新阶段指引中国发展进步的新理念，科学发展观明确了发展的根本目的和基本要求，揭示了现代化进程中经济、政治、文化、社会等各项事业发展的内在联系，反映了党对改革开放和现代化建设规律认识的不断深化。

实现中华民族伟大复兴，必须建立符合我国实际的先进社会制度。我们党团结带领人民完成社会主义革命，确立社会主义基本制度，推进社会主义

---

① 胡锦涛：《高举中国特色社会主义伟大旗帜　为夺取全面建设小康社会新胜利而奋斗——在中国共产党第十七次全国代表大会上的报告》（2007年10月15日），《中国共产党第十七次全国代表大会文件汇编》，人民出版社2007年版，第20页。

建设，完成了中华民族有史以来最为广泛而深刻的社会变革，为当代中国一切发展进步奠定了根本政治前提和制度基础，实现了中华民族由近代不断衰落到根本扭转命运、持续走向繁荣富强的伟大飞跃。

三、复兴之光

进入中国特色社会主义新时代，以习近平同志为核心的党中央面对改革开放40年发展中出现的贫富差距巨大、环境污染严重、吏治日益腐败、社会矛盾凸显、党和政府形象降低等突出问题，以对党和人民高度的责任感和使命感，提出一系列治国理政的新理念新思想新战略。在发展观问题上，习近平总书记在继承前几代领导人的发展思想，坚持以经济建设为中心不动摇的基础上，深思熟虑地提出"坚持以人民为中心的发展思想"，将坚持以人民为中心的发展作为发展的前提与首要原则。

在习近平总书记主持通过的《中共中央关于制定国民经济和社会发展第十三个五年规划的建议》中明确提出：如期实现全面建设小康社会的奋斗目标，推动经济社会持续健康发展的首要原则是坚持人民主体地位，坚持以人民为中心的发展思想。该《建议》强调："人民是推动发展的根本力量，实现好、维护好、发展好最广大人民根本利益是发展的根本目的。必须坚持以人民为中心的发展思想，把增进人民福祉，促进人的全面发展作为发展的出发点和落脚点，发展人民民主，维护社会公平正义，保障人民平等参与、平等发展权利，充分调动人民积极性、主动性、创造性。"[1]如上文字表述具有重要的理论价值和实践价值，是对马克思主义发展观的创造性发展，进一步丰富了马克思主义发展观的丰富内涵，将马克思主义发展观提升到一个新的境

---

[1]《中共中央关于制定国民经济和社会发展第十三个五年规划的建议》，《人民日报》2015年11月4日，第1版。

界，是习近平治国理政思想的本质与核心。坚持以人民为中心的发展思想，进一步明确了我国社会主义发展的根本动力、发展的根本目的、发展的依靠主体、发展的价值取向和发展的具体目标，是中国共产党对社会主义发展规律和党的执政规律的认识达到了新的境界。

以人民为中心的发展思想植根于深厚的马克思主义理论和中国特色社会主义实践，彰显了人民至上的价值取向。

首先，明确发展为人民的根本取向。

党的十八届中央领导集体就任伊始便明确表示："任何时候都要把人民利益放在第一位，始终与人民心连心、同呼吸、共命运，始终依靠人民推动历史前进。"[1] "在前进道路上，我们一定要坚持从维护最广大人民根本利益的高度，多谋民生之利，多解民生之忧"，"时刻把群众安危冷暖放在心上"，"切实把人民利益维护好、实现好、发展好"。[2]

这深刻揭示了中国共产党人的根本价值立场和价值取向。全心全意为人民服务，是中国共产党一切行动的根本出发点和落脚点，是中共区别于其他一切政党的根本标志。党的一切工作，必须以最广大人民根本利益为最高标准。检验我们一切工作的成效，最终都要看人民是否真正得到了实惠，人民生活是否真正得到了改善，人民权益是否真正得到了保障。面对人民希望过上更好生活的新期待，各级党的组织和政府不能有丝毫自满和懈怠，必须再接再厉，使发展成果更多更公平惠及全体人民，朝着共同富裕方向稳步前进。

从把人民利益放在第一位出发，一是必须以人民对美好生活的向往作为党的奋斗目标。这是习近平总书记代表新一届中央领导集体对人民的庄严承诺。朴实无华的语言、掷地有声的承诺，体现了习近平总书记"坚持以人民为中心发展思想"的执政理念和发展逻辑。为了实现这个奋斗目标，他要求

① 胡锦涛：《坚定不移沿着中国特色社会主义道路前进　为全面建成小康社会而奋斗——在中国共产党第十八次全国代表大会上的报告》（2012年11月8日），人民出版社2012年版，第51页。

② 习近平：《全面贯彻落实党的十八大精神要突出抓好六个方面工作》，《求是》2013年第1期。

全党："我们一定要始终与人民心心相印、与人民同甘共苦、与人民团结奋斗，夙夜在公，勤勉工作，努力向历史、向人民交一份合格的答卷。"①要做好这份答卷，就要牢固树立以人民为中心的发展思想，从人民群众最关心最直接最现实的利益问题入手，把人民放在心中最高位置，努力解决学有所教、劳有所得、病有所医、老有所养、住有所居的问题，真心实意为人民谋利益，扎扎实实为人民办实事、办好事。时时处处、切切实实关心人民生活，紧抓民生之本、解决民生之急、排除民生之忧，努力让人民享受更好的教育，拥有更稳定的工作，获得更满意的收入和更可靠的社会保障，得到更高水平的医疗卫生服务、更舒适的居住条件和更优美的环境。

二是要把增进人民福祉、促进人的全面发展作为发展的出发点和落脚点。习近平总书记指出："让国家变得更加富强，让社会变得更加公平正义，让人民生活变得更加美好，这是中国人民孜孜不倦追求的理想。"②他还强调，我们的发展如果不能给广大人民群众带来实实在在的利益，人民群众在发展中没有更多的获得感，我们的发展将失去意义，也不可能实现持续发展。

三是要积极回应人民的关切，不断实现人民的利益。发展为了人民，必须要倾听人民呼声，回应人民期待。人民是党的执政之基、血脉之本、力量之源，中国共产党是最广大人民根本利益的忠实代表者、坚定维护者。党的性质和宗旨决定了党一切工作的出发点和落脚点都是为了人民。习近平总书记强调："我们要坚持'以百姓心为心'，倾听人民心声，汲取人民智慧，始终把实现好、维护好、发展好最广大人民根本利益作为一切工作的出发点和落脚点，让发展成果更多更公平惠及全体人民。"③

其次，发展依靠人民的核心思路。

---

① 《始终与人民心相印共甘苦——中共中央总书记习近平在十八届中央政治局常委与中外记者见面时讲话》，《人民论坛》2012年第33期，第6—7页。

② 习近平：《打开欧洲之门 携手共创繁荣》，《人民日报》2014年3月25日，第2版。

③ 习近平：《在庆祝中华人民共和国成立65周年招待会上的讲话》，《人民日报》2014年10月1日，第2版。

人民是历史活动的主体。习近平总书记强调"人民是推动发展的根本力量"①。全面建成小康社会，主体是人民，依靠力量也是人民，必须紧紧依靠人民推动改革，促进发展。

一是要尊重人民主体地位，发挥群众首创精神。要始终相信人民，联系人民，尊重人民，依靠人民，集中民智，珍惜民力，全面贯彻"四尊重"方针，努力营造"大众创业、万众创新"的良好氛围，最大限度发挥人民的聪明才智，最大限度调动人民的积极性。

二是要善于从人民群众探索实践中汲取智慧和力量。拜人民为师、向群众学习是我们党取得成功的一条基本经验。群众是真正的英雄，人民是我们的老师，人民群众中蕴藏有无限的智慧和力量。要广泛听取人民的意见，做到推动发展向人民问计，改进发展向人民请教，不断从人民群众中汲取推动发展的经验和力量。

三是发展成效要接受人民评判。要把人民满意作为衡量发展成效的根本标尺，把人民的情绪作为检验发展工作的"晴雨表"，做到发展政策听取人民声音、考虑人民意见，发展举措向人民汇报、让人民知晓，发展成效让人民有更多获得感、幸福感，使发展符合人民需求，经得起人民的检验。随着全面建成小康社会这个目标实现的期限越来越近，人民对它的期待也越来越强烈。习近平总书记在总结党的十六大以来全面建设小康社会实践的基础上，用老百姓喜闻乐见的话语，把再过几年我国就要实现的全面小康具体化，从而回应了人民群众的期待。习近平总书记指出，我们要建成的全面小康，是干部清正、政府清廉、政治清明的全面小康；是破除城乡二元结构，建设农民幸福生活的美好家园的全面小康；是国家物质力量和精神力量都增强，全国各族人民物质生活和精神生活都改善的全面小

---

① 《中共中央关于制定国民经济和社会发展第十三个五年规划的建议》，《人民日报》2015年11月4日，第1版。

康；是让人民群众在每一个司法案件中都感受到公平正义的全面小康；是望得见山、看得见水、记得住乡愁的全面小康；是为实现中国梦提供坚强力量支撑的全面小康；等等。检验我们全面建设小康社会的成效，关键要看人民拥护不拥护、满意不满意、赞成不赞成、高兴不高兴，关键要看人民是否真正得到了实惠，人民生活是否真正得到了改善，人民是否在改革开放中有更多的获得感。这也是坚持立党为公、执政为民的本质要求，是党和人民事业不断发展的重要保证。

再次，发展成果由人民共享的根本目的。

坚持发展成果由人民共享，是中国特色社会主义的本质要求。坚持以人民为中心的发展最终体现在发展成果惠及全体人民上。习近平总书记强调，要"让发展成果更多更公平惠及全体人民"。

坚持发展成果人民共享，一要坚持人民是发展成果的享有主体。发展是人民的事业，人民是发展的主体、创新创造的主体，理所当然，也是发展成果的享有主体。人人参与发展，人人共享发展成果，人人可以从发展中享受实实在在的利益。

二是要大力促进共同富裕。共同富裕是中国特色社会主义的根本原则，也是全面建成小康社会的重要目标。要按照"人人参与、人人尽力、人人享有"的要求，坚守底线、突出重点、完善制度、引导预期，注重机会公平，保障基本民生，实现全体人民共同迈入全面小康社会。

三是要努力维护社会公平正义。公平正义是中国特色社会主义的内在要求。协调推进"四个全面"战略布局，"加大结构性改革力度，加快转变经济发展方式，实现更高质量、更有效率、更加公平、更可持续的发展"；加快建立以权利公平、机会公平、规则公平为主要内容的社会保障体系，下大力气解决收入差距过大、公共服务供给不足、教育就业机会不均等有违公平正义的突出问题，使发展更具公平性、普惠性，实现好、维护好、发展好最广大人民的根本利益。

以人民为中心的发展思想，不仅体现在理论的深度，更体现着实践的强度。全面从严治党、坚决惩治腐败，体现着以习近平同志为核心的党中央以人民为中心的坚定不移的决心。

党的十八大前夕，人民论坛杂志社启动"国家级难题"选题与调研项目，就当前和今后一个时期国家发展中面临的事关全局、触及根本、急切紧迫、关注程度高、解决难度大的一系列重大挑战和棘手问题进行抽样问卷调查。历时半年多，于2012年12月初完成统计分析。这一调查结果显示，前三项"国家级难题"分别为："腐败多发高发，反腐不力亡党亡国，如何跳出历史周期率"；"贫富差距过大，收入分配不公，如何科学分配好蛋糕"；"如何让底层公众买得起房、看得起病、上得起学"。得票率分别为100%、97.16%、86.75%。从调查结果我们可以看到，在党的十八大召开前夕，腐败问题已严重侵蚀社会主义肌体，已在很大程度上阻碍着中国社会的发展，人民群众对此深恶痛绝，中国已经到了再不反腐就没有机会反腐的地步。

面对如此严重的腐败问题，以习近平同志为核心的党中央明确表示：一个政党，一个政权，其前途命运取决于人心向背。人民群众反对什么、痛恨什么，我们就要坚决防范和打击。人民群众最痛恨腐败现象，我们就必须坚定不移反对腐败。要坚持用制度管权管事管人，抓紧形成不想腐、不能腐、不敢腐的有效机制，让人民监督权力，让权力在阳光下运行，把权力关进制度的笼子里。要坚持"老虎""苍蝇"一起打，坚持有腐必反、有贪必肃，下最大气力解决腐败问题，努力营造风清气正的党风政风和社会风气，不断以反腐倡廉的新成效取信于民。

在十八届中共中央政治局第一次集体学习时，习近平总书记大声疾呼：近年来，一些国家因长期积累的矛盾导致民怨载道、社会动荡、政权垮台，其中贪污腐败就是一个很重要的原因。大量事实告诉我们，腐败问题越演越烈，最终必然会亡党亡国！我们要警醒啊！

但是，看到腐败问题的严重性不难，难的是采取具体的行动，更难的是将反腐败一抓到底。我们都知道，反腐败是世界性课题，更是世界性难题。透明国际2011年公布全球183个国家平均廉洁指数，其中腐败比较严重和极端腐败的国家共135个，占全部的73.8%，比较廉洁的国家占7.1%。具体到中国，虽然历届中央高度重视反腐败斗争，但"塌方式腐败"触目惊心，大案、窝案频发，贪腐利益集团抱团取暖，反腐面临的阻力十分强大。

在如此严峻的形势下，以习近平同志为核心的党中央深刻认识反腐败斗争的长期性、复杂性、艰巨性，以猛药去疴、重典治乱的决心，以刮骨疗毒、壮士断腕的勇气，坚持无禁区、全覆盖、零容忍，坚决把党风廉政建设和反腐败斗争进行到底，向党和人民交出了斐然的反腐成绩单：薄熙来落马了，周永康也落马了，打破了所谓"刑不上大夫"的猜想；徐才厚落马了，郭伯雄落马了，军队也刮起廉政风暴；藏匿在几内亚的裴健强被抓回来了，潜逃加拿大的储士林自首了，海外也不再是贪官的天堂。从2013年至2016年9月，短短3年多时间，全国纪检监察机关共立案101.8万件，给予党纪政纪处分101万人；接受组织调查的中管干部共计109人，其中70人覆盖了31个省区市；其余来自中央一级党和国家机关、国企和金融单位，涉及司法、金融、环保、安监、体育等多个领域。如上数据既触目惊心，也令人振奋！在这些数据的背后，是我们每个人都看到的、切身感受到的事实。在这里，我们可以清楚地看到，以人民为中心，是党中央坚决遏制腐败现象，将反腐败作为一场具有新的历史特点的伟大斗争予以坚决进行的出发点和落脚点。

党的十八大以来，以习近平同志为核心的党中央，把全面从严治党纳入"四个全面"战略布局，坚持"老虎""苍蝇"一起打，反腐面前无特权、反腐面前无特例、反腐面前无特区，伸手必被抓，无论贪腐者多么"位高权重"，只要违反了党纪国法，都要被一查到底、依法惩处，没有免罪的"丹书铁券"，也没有"铁帽子王"。十八大以来我国反腐败的力度之大，是新中国过去所没有的，在整个中国历史上也是罕见的。对于反腐败取得的效果，社会各界交口称赞。不仅如此，党中央在成绩面前依然保持着清醒的头脑，明确指出：党风廉政建设和反腐败斗争永远在路上，只有进行时，展现了党中央坚决惩治腐败的强大决心与信心。

以如此坚定的决心反腐倡廉，归根结底来自以人民为中心的发展思想。党的十九大报告明确指出：我们党来自人民、植根人民、服务人民，一旦脱离群众，就会失去生命力。①因此，加强作风建设，必须紧紧围绕保持党同人民群众的血肉联系，增强群众观念和群众感情，不断厚植党执政的群众基础。凡是群众反映强烈的问题都要严肃认真对待，凡是损害群众利益的行为都要坚决纠正。只有以反腐败永远在路上的坚韧和执着，深化标本兼治，保证干部清正、政府清廉、政治清明，才能跳出历史周期率，确保党和国家长治久安。

如果我们把视野放宽，把我们的眼光从反腐败斗争转到党的十八大以来党治国理政的方方面面，我们便可以看到，无论是政治、经济、文化，还是社会、生态，我们的思想与实践无处不体现着以人民为中心的发展思想。

在以人民为中心的发展思想统领下，废除了实际上存在的领导干部职务终身制，普遍实行领导干部任期制度，实现了国家机关和领导层的有序更替；不断扩大人民有序政治参与，人民实现了内容广泛、层次丰富的当家作主；坚持发展最广泛的爱国统一战线，发展独具特色的社会主义协商民主，有效凝聚了各党派、各团体、各民族、各阶层、各界人士的智慧和力量；努力建设了解民情、反映民意、集中民智、珍惜民力的决策机制，增强决策透明度和公众参与度，保证了决策符合人民利益和愿望；积极发展广纳群贤、充满活力的选人用人机制，广泛把各方面优秀人才集聚到党和国家各项事业中来；坚持依法治国、依法执政、依法行政共同推进，坚持法治国家、法治

---

① 习近平：《决胜全面建成小康社会　夺取新时代中国特色社会主义伟大胜利——在中国共产党第十九次全国代表大会上的报告》，《人民日报》2017年10月28日，第1版。

政府、法治社会一体建设，全社会法治水平不断提高；建立健全多层次监督体系，完善各类公开办事制度，保证党和国家领导机关和人员按照法定权限和程序行使权力。我国经济增长更具有共享性和包容性，特别是在民生领域取得一系列新成绩。例如，"十二五"时期，城乡居民人均收入增长整体上跑赢了GDP，同时城乡居民收入差距和基尼系数双双下降；就业保持稳定和扩大；社会保障水平和覆盖率持续提高，城乡统筹水平上了一个新台阶。我们在实现共同富裕的道路上迈出了坚实步伐。据国务院扶贫办获悉，党的十八大以来，我国创造了减贫史上的最好成绩，5年累计减贫6853万人，消除绝对贫困人口2/3以上，年均减少1300万以上，贫困发生率从2012年的10.2%下降至3.1%，我国脱贫攻坚取得了决定性进展。数据显示，目前贫困人口超过300万的还有5个省区，贫困发生率超过18%的贫困县有229个，超过20%的贫困村有2.98万个。2018年减贫1000万人以上，有约100个贫困县宣布脱贫摘帽。

坚持以人民为中心的发展思想，具有科学的理论自觉、顺应时代潮流的历史自觉和明确的问题导向，标志着中国共产党对社会主义发展规律和党的执政规律的认识达到了新的境界，对于开拓中国特色社会主义广阔未来，实现全面建成小康社会奋斗目标具有重要的理论与现实意义。

首先，坚持以人民为中心的发展思想，具有科学的理论自觉。

马克思、恩格斯在伟大的《共产党宣言》中庄严宣告："过去的一切运动都是少数人的或者为少数人谋利益的运动。无产阶级的运动是绝大多数人的、为绝大多数人谋利益的独立的运动。"以唯物史观为理论基石的中国共产党，从诞生之日起，就把人民立场作为自己的根本政治立场，与人民风雨同舟、生死与共，始终保持血肉联系，从根本上保证了党战胜一切困难和风险，不断从胜利走向胜利。坚持以人民为中心的发展思想，是马克思主义的根本立场，体现着马克思主义唯物史观把人民群众看作社会生产、社会生活和社会历史的主体的基本观点，继承和发扬了党全心全意为人民服务的优良传统，具有科学的理论自觉。在纪念马克思诞辰200周年大会上的讲话中，习近平总书记深刻指出："马克思主义是人民的理论，第一次创立了人民实现自身解放的思想体系。马克思主义博大精深，归根到底就是一句话，为人类求解放。在马克思之前，社会上占统治地位的理论都是为统治阶级服务的。马克思主义第一次站在人民的立场探求人类自由解放的道路，以科学的理论为最终建立一个没有压迫、没有剥削、人人平等、人人自由的理想社会指明了方向。马克思主义之所以具有跨越国度、跨越时代的影响力，就是因为它植根人民之中，指明了依靠人民推动历史前进的人间正道。"①

植根于马克思主义唯物史观和中国共产党的优良传统，习近平总书记系统总结了中国人民"四个伟大"特质与禀赋，进一步丰富了马克思主义人民观。他指出："中国人民的特质、禀赋不仅铸就了绵延几千年发展至今的中华文明，而且深刻影响着当代中国发展进步，深刻影响着当代中国人的精神世界。中国人民在长期奋斗中培育、继承、发展起来的伟大民族精神，为中国发展和人类文明进步提供了强大精神动力。"②

第一，中国人民是具有伟大创造精神的人民。在几千年历史长河中，中国人民始终辛勤劳作、发明创造，我国产生了老子、孔子、庄子、孟子、墨子、孙子、韩非子等闻名于世的伟大思想巨匠，发明了造纸术、火药、印刷术、指南针等深刻影响人类文明进程的伟大科技成果，创作了诗经、楚辞、汉赋、唐诗、宋词、元曲、明清小说等伟大文艺作品，传承了格萨尔王、玛纳斯、江格尔等震撼人心的伟大史诗，建设了万里长城、都江堰、大运河、故宫、布达拉宫等气势恢宏的伟大工程。今天，中国人民的创造精神正在前所未有地迸发出来，推动我国日新月异向前发展，大踏步走在世界前列。在

---

① 习近平：《在纪念马克思诞辰200周年大会上的讲话》，《人民日报》2018年5月5日，第2版。

② 习近平：《在第十三届全国人民代表大会第一次会议上的讲话》，《人民日报》2018年3月21日，第2版。

中国特色社会主义新时代，只要13亿多中国人民始终发扬这种伟大创造精神，一定能够创造出一个又一个人间奇迹。

第二，中国人民是具有伟大奋斗精神的人民。在几千年历史长河中，中国人民始终革故鼎新、自强不息，开发和建设了祖国辽阔秀丽的大好河山，开拓了波涛万顷的辽阔海疆，开垦了物产丰富的广袤粮田，治理了桀骜不驯的千百条大江大河，战胜了数不清的自然灾害，建设了星罗棋布的城镇乡村，发展了门类齐全的产业，形成了多姿多彩的生活。中国人民自古就明白，世界上没有坐享其成的好事，要幸福就要奋斗。今天，中国人民拥有的一切，凝聚着中国人的聪明才智，浸透着中国人的辛勤汗水，蕴含着中国人的巨大牺牲。只要13亿多中国人民始终发扬这种伟大奋斗精神，我们就一定能够达到创造人民更加美好生活的宏伟目标！

第三，中国人民是具有伟大团结精神的人民。在几千年历史长河中，中国人民始终团结一心、同舟共济，建立了统一的多民族国家，发展了56个民族多元一体、交织交融的融洽民族关系，形成了守望相助的中华民族大家庭。特别是近代以后，在外来侵略寇急祸重的严峻形势下，中国各族人民手挽着手、肩并着肩，英勇奋斗，浴血奋战，打败了一切穷凶极恶的侵略者，捍卫了民族独立和自由，共同书写了中华民族保卫祖国、抵御外侮的壮丽史诗。今天，中国取得的令世人瞩目的发展成就，更是全国各族人民同心同德、同心同向努力的结果。中国人民从亲身经历中深刻认识到，团结就是力量，团结才能前进，一个四分五裂的国家不可能发展进步。只要13亿多中国人民始终发扬这种伟大团结精神，就一定能够形成勇往直前、无坚不摧的强大力量！

第四，中国人民是具有伟大梦想精神的人民。在几千年历史长河中，中国人民始终心怀梦想、不懈追求，不仅形成了小康生活的理念，而且秉持天下为公的情怀，盘古开天、女娲补天、伏羲画卦、神农尝草、夸父追日、精卫填海、愚公移山等中国古代神话深刻反映了中国人民勇于追求和实现梦想的执着精神。中国人民相信，山再高，往上攀，总能登顶；路再长，走下去，定能到达。近代以来，实现中华民族伟大复兴成为中华民族最伟大的梦想，中国人民百折不挠、坚忍不拔，以同敌人血战到底的气概、在自力更生的基础上光复旧物的决心、自立于世界民族之林的能力，为实现这个伟大梦想进行了170多年的持续奋斗。今天，中国人民比历史上任何时期都更接近、更有信心和能力实现中华民族伟大复兴。

其次，坚持以人民为中心的发展思想，吸收借鉴了古今中外治国理政的经验教训，敏锐把握时代发展潮流，具有以强烈的使命感面向未来开拓中国特色社会主义事业光明前景的历史自觉。

所谓历史自觉，就是建立在对历史发展潮流的深刻认识基础上形成的强烈的历史使命感和对自身的历史定位。

以习近平同志为核心的党中央高度重视历史的作用与价值，多次表示：历史是最好的老师，也是最好的教科书和营养剂，在忠实记录下每一个国家走过的足迹同时，为其未来发展提供启示。他在讲话中反复强调了传统文化中的民为邦本、以民为本、安民富民乐民的思想，指出中国优秀传统文化理念，"可以为人们认识和改造世界提供有益启迪，可以为治国理政提供有益启示，也可以为道德建设提供有益启发"[1]。

历史在为我们提供丰富经验的同时，也给我们留下了深刻的历史教训。晚清的中国之所以被动挨打，将民众排斥在国家政权之外的"国家兴亡，其君其臣肉食者谋之"思想，是其重要原因之一。国民党大陆执政失败，与把普通劳动人民贬低为"不知不觉者"不无关系。著名报人储安平在反思国民党执政失败时深刻指出：历观往史，没有一个政府能够不顾人民而犹能长久维持其政权者。不顾人民苦乐的政府，必然失去人心；不为人民福利打算的

---

[1] 习近平：《在纪念孔子诞辰2565周年国际学术研讨会暨国际儒学联合会第五届会员大会开幕会上的讲话》，《人民日报》2014年9月25日，第2版。

施政，必然不能使国家社会得到健全的发展。

基于对古今中外治国理政兴衰成败的深刻考察和对时代潮流的准确把握，习近平总书记明确指出："人民是历史的创造者，人民是真正的英雄。波澜壮阔的中华民族发展史是中国人民书写的！博大精深的中华文明是中国人民创造的！历久弥新的中华民族精神是中国人民培育的！中华民族迎来了从站起来、富起来到强起来的伟大飞跃是中国人民奋斗出来的！"①他特别强调："一切国家机关工作人员，无论身居多高的职位，都必须牢记我们的共和国是中华人民共和国，始终要把人民放在心中最高的位置，始终全心全意为人民服务，始终为人民利益和幸福而努力工作。"②拥有这样的时代意识与历史自觉，必将开拓出中国特色社会主义广阔的发展前景。

再次，以人民为中心体现中国共产党为人民谋幸福的总要求。

为人民谋幸福是中国共产党人的初心和使命，贯穿革命、建设和改革开放的全过程。在中国特色社会主义进入新时代的历史背景下，进行伟大斗争、建设伟大工程、推进伟大事业、实现伟大梦想归根结底是为了实现人民幸福的历史任务。实现人民幸福，既是贯穿于"四个伟大"之中的红线，将其联结为内在统一的整体，也是激励全体中华儿女不断奋进的动力源。

为人民谋幸福贯穿着中国共产党领导中国人民追求民族复兴的全过程，推动着中华民族不断发生历史性变革，迎来实现中华民族伟大复兴的光明前景。在中华民族迎来从站起来、富起来到强起来伟大飞跃的中国特色社会主义新时代，满足人民日益增长的美好生活需要，使人民享有更加幸福安康的生活，是时代赋予的根本历史任务，贯穿于"四个伟大"之中，为我们党领导全国人民进行伟大斗争、建设伟大工程、推进伟大事业、实现伟大梦想提

---

① 习近平：《在第十三届全国人民代表大会第一次会议上的讲话》，《人民日报》2018年3月21日，第2版。

② 习近平：《在第十三届全国人民代表大会第一次会议上的讲话》，《人民日报》2018年3月21日，第2版。

供了不竭的动力源泉。

实现中华民族复兴这一伟大梦想，将民族独立、国家富强与人民幸福紧密联结在一起，体现了中华民族和中国人民整体利益与每一个炎黄子孙福祉的和谐共生。中国共产党人的初心和使命，就是为中国人民谋幸福，为中华民族谋复兴。90多年来，伟大梦想一直与人民幸福相互携行，共同开创民富国强的美好未来。进入到中国特色社会主义新时代，合乎时代潮流、顺应人民意愿，成为实现中华民族伟大复兴的强大动力。党的十九大明确指出：全党同志一定要永远与人民同呼吸、共命运、心连心，永远把人民对美好生活的向往作为奋斗目标，以永不懈怠的精神状态和一往无前的奋斗姿态，继续朝着实现中华民族伟大复兴的宏伟目标奋勇前进。这种以人民为中心的真挚情怀，使国家富强之梦与人民幸福之梦交融在一起，必能有力激发全社会的创造力和发展活力，不断创造彪炳史册的人间奇迹，顺利实现全面建成小康社会奋斗目标，进而把我国建成富强民主文明和谐美丽的社会主义现代化强国，让中华民族以更加昂扬的姿态屹立于世界民族之林。

伟大梦想的实现，是通过伟大事业干出来的。中国特色社会主义伟大事业的形成与发展，贯穿着为人民谋幸福、以实现人民对美好生活的向往的一条主线。我们党是为人民谋幸福、为民族谋复兴而创立，永远站在人民群众立场上从未改变。改革开放之初，着眼于提高广大人民群众的生活水平，我们党制定了"20世纪80年代末解决人民温饱问题""20世纪末达到小康水平""21世纪中叶达到中等发达国家水平"的国家发展"三步走"战略，开启了中国特色社会主义伟大事业新篇章。经过40年的伟大实践，探索出实现社会主义现代化、创造人民美好生活的中国特色社会主义必由之路。当前，中国特色社会主义进入新时代，以习近平同志为核心的中央领导集体牢固树立"以人民为中心"的执政理念和发展逻辑，坚持人民主体地位，把党的群众路线贯彻到治国理政全部活动之中，依靠人民创造历史伟业，为确保党和国家事业始终沿着正确方向胜利前进，顺利实现全面建成小康社会奋斗目标，进而建成富强民主文明和谐美丽的社会主义现代化强国奠定了坚实的基础。

通往美好梦想的彼岸，往往面临艰难险阻、充满严峻挑战。随着改革进入攻坚期和深水区，进入中国特色社会主义新时代的当代中国，正经历着我国历史上最为广泛而深刻的社会变革，面临的风险和挑战前所未有，必须进行具有许多新的历史特点的伟大斗争，坚决破除各种阻碍国家和民族发展的一切障碍，才能迎来实现伟大梦想的光明未来。习近平总书记明确指出：一个政党，一个政权，其前途命运取决于人心向背。他要求全党必须坚持人民主体地位，践行全心全意为人民服务的根本宗旨，依靠人民创造历史伟业，更加自觉地维护人民利益，坚决反对一切损害人民利益、脱离群众的行为。正是从为人民谋幸福的根本目标出发，以习近平同志为核心的党中央面对反腐败斗争的严峻形势，以刮骨疗毒、壮士断腕的勇气，"老虎""苍蝇"一起打，党风廉洁建设和反腐败斗争不断取得新成效，赢得了党心民心，厚植了党执政的政治基础。显然，为了人民、相信人民、依靠人民，为我们党有效应对重大挑战、抵御重大风险、克服重大阻力、解决重大矛盾提供了坚不可摧的根本保障，在新时代必然能够战胜一切在政治、经济、文化、社会等领域和自然界出现的困难和挑战，不断取得伟大斗争的新胜利。

实现伟大梦想，关键在于党的领导坚强有力。以全心全意为人民服务为根本宗旨的中国共产党，从人民是历史创造者的唯物史观出发，坚信人民是党和国家前途命运的决定力量。中国特色社会主义进入新时代，面对复杂的执政环境，以习近平同志为核心的党中央将全面从严治党作为党的建设新的伟大工程，紧紧围绕维护人民根本利益，毫不动摇坚持和完善党的领导，毫不动摇把党建设得更加坚强有力。一方面，坚持和完善党的领导，是党和国家的根本所在、命脉所在，也是人民利益和幸福所在。习近平总书记反复强调：我们共产党人的最高利益和核心价值是全心全意为人民服务、诚心诚意为人民谋利益。另一方面，我们党来自人民、植根人民、服务人民，紧密联系群众、为人民谋幸福也是党永葆生命力的关键所在。习近平总书记明确指出：只要我们党把自身建设好、建设强，确保党始终同人民想在一起、干在一起，就一定能够把党建设成为始终走在时代前列、人民衷心拥护、勇于自我革命、经得起各种风浪考验、朝气蓬勃的马克思主义执政党，引领承载着中国人民伟大梦想的航船破浪前进，胜利驶向光辉的彼岸。

/ 第四章 /

观照人类的前途命运

中国共产党是为中国人民谋幸福的党，也是为人类进步事业而奋斗的党。中国共产党所做的一切，就是为中国人民谋幸福、为中华民族谋复兴、为人类谋和平与发展。为人类不断作出新的更大的贡献，是中国共产党和中国人民早就作出的庄严承诺。中国共产党是具有远大理想的世界大党，在推进中国特色社会主义进程中关注着世界人民的利益。造福各国人民，为世界社会主义和人类进步事业不断作出新贡献，是中国共产党的历史责任与使命。

一、改写了"国强必霸"的逻辑

"国强必霸"的论断来自所谓"修昔底德陷阱"。古希腊历史学家修昔底德在其著名的《伯罗奔尼撒战争史》中，详细记载了"崛起大国"雅典领头的提洛同盟，与"守成大国"斯巴达领导的伯罗奔尼撒联盟之间战争的原因和过程。在他看来，"雅典的崛起以及斯巴达对于雅典崛起的担心，使得战争无法避免"。由此得出如下结论：当一个崛起的大国与既有的统治者霸主竞争时，双方面临的矛盾冲突，多以战争告终。这一结论，后人以"修昔底德陷阱"概括言之，并被视为国际关系的"铁律"而不断被加以阐释和运用。哈佛大学肯尼迪政府学院首任院长格拉汉姆·阿里森，据此系统考察了从16世纪上半叶至今500年国际关系历史，梳理出16组有关"崛起大国"与"守成大国"的案例，其中有12组陷入了战争之中，只有4组成功逃脱了"修昔底德陷阱"。格拉汉姆·阿里森指出，自17世纪的威斯特伐利亚体系建立以来，从荷兰、葡萄牙、西班牙、英国、法国、德国，到后来的苏联和美国的超级大国，一直到1991年12月苏联解体、冷战结束，崛起大国和守成大国之间一直存在着冲突、对抗和战争。

伴随着改革开放以来中国的迅猛发展，中国的迅速崛起是否会引发"修昔底德陷阱"在当代重演，成为举世热议的话题。前世行行长罗伯特·佐利克在《国家利益》杂志上发表《美国、中国和修昔底德：北京和华盛顿如何避开通常的不信任和恐惧》，美国著名战略家布热津斯基接受题为"中国能避开'修昔底德陷阱'吗"的访谈，新加坡国立大学东亚研究所所长郑永年也就"中美如何避免'修昔底德陷阱'？"发表评论。2014年1月，美国《赫芬顿邮报》子报《世界邮报》创刊号在达沃斯世界经济论坛会议上发布了对中国国家主席习近平的专访，提出了"中国迅速崛起后，必将与美国、日本等传统强国发生冲突"的问题。针对这种担忧，习近平主席在专访中说："我们都应该努力避免陷入'修昔底德陷阱'，强国只能追求霸权的主张不适用于中国，中国没有实施这种行动的基因。"同年3月，在德国科尔伯基金会的演讲中，习近平主席再次强调，当今世界，殖民主义、霸权主义的老路还能走得通吗？答案是否定的。不仅走不通，而且一定会碰得头破血流。只有和平发展道路可以走得通。所以，中国将坚定不移走和平发展道路。[①]

正如习近平总书记所言，中国没有实施"国强必霸"的文化基因。"大道之行也，天下为公"，中华民族自古以来就是一个具有天下意识和人类关怀的伟大民族。天下太平、共享大同是中华民族绵延数千年的理想，和平、和睦、和谐的追求深深植根于中华民族的精神世界之中，深深溶化在中国人民的血脉之中。自古以来，中华民族就积极开展对外交往通商，而不是对外侵略扩张；执着于保家卫国的爱国主义，而不是开疆拓土的殖民主义。2100多年前，中国人就开通了丝绸之路，推动东西方平等开展文明交流，留下了互利合作的足迹，沿路各国人民均受益匪浅。600多年前，中国的郑和率领当时世界上最强大的船队7次远航太平洋和西印度洋，到访了30多个国家和地区，没有占领一寸土地，播撒了和平友谊的种子，留下的是同沿途人民友好交往和文明传播的佳话。

值得指出的是，中国的"和"文化及其价值得到了国外有识之士的认同与赞许。在仔细研究中国4000多年历史的基础上，利玛窦明确地表示："我

---

① 习近平：《在德国科尔伯基金会的演讲》，《人民日报》2014年3月30日，第2版。

从未见到有这类征服的记载，也没听说过他们扩张过国界。"英国哲学家罗素对中华民族"和"文化高度认可，最推崇中国人"平和的气质"，认为中国人的"和平主义根植于深思熟虑的思考"①，正是这种"平和的气质"使中国人更多地是以平等公正的态度寻求解决争端，而不是像西方人那样付诸实力与武力。同时，罗素也指出："中国人能否继续保持温文平和的性格，完全取决于西方列强的所作所为。"②德国思想家马克思·韦伯指出："中国之所以进入到历史时代，是与它重建的和平主义方向步调一致的。"美国著名和平理论家查尔斯·韦伯指出：儒家主张和平的实现"是最终的人类目标，和平来自于社会的和谐与平衡"③。美国著名历史学家费正清认为，中华民族从来不是一个外向型、扩张型的民族。英国著名历史学家汤因比认为中国文明的优点在于和平，就好像长城，处于守势，平稳、调和，是"静"的文化。著名全球化理论家保罗·肯尼迪在考察中古时期所有的文明后，也指出："没有一个国家的文明比中国更先进和更优越。"④同时，在法国的《人权宣言》以及二战后联合国发布的《宣言》中，都引用了《论语》"己所不欲，勿施于人"的观点。

在诸多有识之士之中，毕生致力于日中友好与世界和平事业的世界著名思想家、教育家、诗人池田大作先生对中华文化的本质认识最为系统、深入。他指出，中国的历史文化蕴含着充满智慧与和平的思想。在对中国3000年历史文化进行深入研究的基础上，池田大作认为，中国本质上是个"尚文"的国家。他说："我认为中国3000年的历史，给予我们很多启示。纵观中国历史，我有一个强烈的印象：与其说中国是一个'尚武'的国家，不如

---

① [英] 罗素：《东西方文明比较》，《罗素文集》，改革出版社1996年版，第37页。

② [英] 罗素：《东西方文明比较》，《罗素文集》，改革出版社1996年版，第50页。

③ [美] 大卫·巴拉什、查尔斯·韦伯著：《积极和平——和平与冲突研究》，刘成译，南京出版社2007年版，第4页。

④ [美] 保罗·肯尼迪著：《大国的兴衰》，蒋葆英等译，中国经济出版社1989年版，第4页。

说是一个'尚文'的国家。当然这是从比较的、相对意义上说的，正如没有完全'尚武'的国家一样，纯粹'尚文'的国家也是不存在的。问题是何者为其主流。我觉得除了极其例外的时期，'尚文'的风气，一直是推动中国历史的巨大力量。"①

进而，池田大作提出："是什么力量使个人或民族控制了他们的蛮性的冲动，控制了他们的破坏的本能。"②他认为："对文明道德和理想的关注一直是这个国家历史的主要动力。"③他说："中国被称为'世界上历史最悠久的国家'，在其卷帙浩繁的史书中，只消信手翻阅几册，就可以发现其中处处充满着伦理性的伦理感。看来这就是中国之所以成为'尚文'国家的原因；那种抑制凭借实力进行武力侵略的力量也是由此而产生的。"④

池田大作指出，中国历史文化所蕴含的对文明道德和理想的关注，首先表现在对人的尊重。他说："我曾对中国产生这种自制力的背景加以探讨，发现这种看法、想法之中，人总是占据着中心位置。日本熟悉中国思想的少壮派学者（山田庆儿）这样写道：'中国哲学的特征，在于不断探索人生的目的。哲学家们苦心思索的问题，终究没有离开过人这一中心命题。关于自然的思索，总是在以自然主义的观点思索人的问题这一基础上展开的。换言之，哲学首先是关于人的学问。''终究没有离开过人这一中心命题'，也就是说，思考任何问题时，人总是中心或者出发点，我认为不只是哲学，在中国的宗教、科学、政治等等关于人类行为的任何学问中，其基调都可以说是以人为出发点。以人为目的的哲学，以人为目的的宗教、科学、政治等等，在交织着祸与福如同大河般的中国历史中，人这一坐标轴，不正是从未动摇过

---

① ［日］池田大作：《池田大作讲演·随笔集》，作家出版社2002年版，第34—35页。
② ［日］池田大作：《池田大作集》，上海远东出版社2003年版，第131页。
③ ［日］池田大作：《池田大作集》，上海远东出版社2003年版，第131页。
④ ［日］池田大作：《池田大作讲演·随笔集》，作家出版社2002年版，第34—35页。

吗？"①

在各种不同的场合，他多次呼吁人们注意中国3000年历史中所蕴含的"人本主义"。他指出，中国的人本主义包含着自立、自律、自强的含义。他说："'自'，虽然是'自己'、'自身'等词语的根干，却与在欧美有根深蒂固的'个'（individual）差异很大。'个'意味着作为不可再分割的最小单位的孤立的个人，与之相对，'自'这一文字，决不限定于一个人，带有自在的深度和广度。"②同时，他认为，"中国传统中对人的观念非常值得研究"。"汉字的'人'表现出人与人互相支撑的样子，是中国思想最重要的关键词。'仁'也是由'人'和'二'构成，意味着'人'相向、沟通、互爱。就是说，不会有单个的人，人与人之间互相联系，形成一个有机体，而且这种联系不限于人的世界，还扩展到自然界和宇宙，构成万物浑然一体的有机整体。简而言之，这就是澎湃在宋代朱子学里的中国传统对人的观念、对自然的观念。此外，我还想提出，这与佛教不个别观察人与事物，而重视相关性、互相依存的'缘起观'密切相通。"③

池田大作同时注意到，中国历史文化所蕴含的对文明道德和理想的关注，还表现在中国是对异民族宽容开放的社会。他说："金庸先生指出，在唐代非汉族而成为宰相的最少有23人。不是计较出身，从中国来看只要有'文明'的话便可以。只要同是走在'义'这条人间之道的话，就是朋友。这点与日本以先天性'血统'来归结的做法根本不同。在日本如果引入了日本民族以外的'血'的话，就永远视他为'外人'。但以文明来统合的，就是人间主义，是具有普遍性的。汤因比的遗言也有'向中国学习'。这是说，今后向着世界一体化的时代，应向有史以来以一个文明圈发展过来的中国，好好学习它的智慧。最应该向中国学习的，不正是邻国的日本吗？日本能否在21世

---

① ［日］池田大作：《池田大作讲演·随笔集》，作家出版社2002年版，第39—40页。

② ［日］池田大作：《池田大作讲演·随笔集》，作家出版社2002年版，第100页。

③ ［日］池田大作：《池田大作讲演·随笔集》，作家出版社2002年版，第101页。

纪存续下去，那就要看能否学习中国那种普遍性了，这样说也不算过分吧！"①

作为世界和平主义的倡导者和实践家，池田大作对中国历史文化的推许有其更深层次的用意。他在系统考察世界近代发展历史的基础上认为："从和平的观点来考虑问题时，应当注意的是，殖民主义可以说是近代国家之间战争的元凶，其背后事实上存在着缺少'人'这一基轴的思考方式。也就是说，正是那种把近代西欧当作唯一的标准，从而把人类社会划分为'文明'和'未开化'两种类型的傲慢的思考方式，才产生了错误的选民意识，从背后支撑了殖民主义。从这一意义上我们可以说，欧洲的近代文明虽然留下了很多的物质的和精神的财富，但就其总的倾向来说，它并没有对人的野蛮的狂热起到自制作用和抑制作用，反而起到了掩饰这种野蛮的狂热的作用。"②

进而，他针对当代威胁人类生存与发展的核武器问题，深刻地指出："当代错误的信仰的根源，在于缺乏从人的角度来思考问题这一点上。例如对于'核武器威慑力量的信仰'，正是建立在人与人之间互不信任、互相憎恶及互相恐惧的基础上，持这种信仰的人很少想到，如果不铲除这一病根，核武器是永远不可能消灭的。"③

正是从世界和平与人类社会和谐发展的目标出发，池田大作敏锐地发现了中国历史文化所蕴藏的巨大现实价值。他同意英国著名哲学家罗素对中国的评价：如果我们要寻找一个"因自豪而不屑去战争"的国家，那就是中国。中国人的态度极其自然，是宽容与友好的态度，是一种希望以礼节待人，并希望对方以礼相待的态度。他认为，罗素描绘出了只有具备不同文明的眼光才能发现的中国文明优美的本质。这就是人或国家控制其自身本能和兽性的文明力量，亦即自制力或意志力。"如果不是不断地大量积蓄这种力

① ［日］池田大作：《池田大作讲演·随笔集》，作家出版社2002年版，第182页。

② ［日］池田大作：《池田大作集》，上海远东出版社2003年版，第131页。

③ ［日］池田大作：《池田大作讲演·随笔集》，作家出版社2002年版，第41—43页。

量，那就不可能想象会有导致抑制乃至废除军备的和平的道路。"①

近代以来中华民族为伟大复兴而奋斗的历程，在事实上证明了中华民族面向世界的和平理念从未改变。近代以来，外敌入侵、内部战乱曾给中国人民带来巨大灾难。即使是在近代中国遭受西方列强的侵略沦为半殖民地半封建社会的逆境下，探索民族复兴道路的先进中国人仍然高度关注人类的命运和中华民族对于世界的责任。戊戌维新运动时期，康有为、谭嗣同等阐述的大同思想，主张把世界引向"至平、至公、至仁"的"大同太平之道"，将建立全人类之爱的大同社会视作是自己的使命。②孙中山虽然主张民族主义，也同样具有博大人类关怀，重视中华民族对于世界的"大责任"，他曾提出，中华民国国民的天职是"促进世界和平"，中华民国政府和人民要"同尽天职"，"使中华民国从今而后得享文明之进行，使世界舞台从今而后得享和平之福"。③他强调中华民族对于世界的责任："我五大种族皆爱和平，重人道，若能扩充其自由、平等、博爱这主义于世界人类，则大同盛轨，岂难至乎？"④他还特别说道："我们今日在还没有发达之先，立定扶倾济贫的志愿，将来到了强盛时候，想到自身受过了列强政治经济压迫的痛苦，将来弱小民族如果也受这种痛苦，我们便要把那些帝国主义来消灭，那才算是治国平天下。我们要将来能够治国平天下，便先要恢复民族主义和民族地位。用固有的道德和平做基础，去统一世界，成一个大同之治，这便是我们四万万人的大责任。"⑤20世纪初，在中国知识界曾兴起世界主义思潮，不少早期马克思主义者便曾经是世界主义的倡导者，陈独秀、李大钊、毛泽东、瞿秋白、蔡和森、萧楚女等都曾受过世界主义的影响，如李大钊便曾提出：美洲各国组

---

① [日] 池田大作：《池田大作集》，上海远东出版社2003年版，第130页。

② 吴雁南等主编：《中国近代社会思潮》第一卷，湖南教育出版社1998年版，第507页。

③《孙中山全集》第二卷，中华书局1981年版，第317、318页。

④《孙中山全集》第二卷，中华书局1981年版，第439页。

⑤《孙中山全集》第九卷，中华书局1986年版，第253页。

成全美联邦、欧洲各国组成全欧联邦、亚洲各国能组成全亚联邦，合欧、美、亚三洲组成世界联邦，"全世界人类组织一个人类的联合，把种界、国界完全打破。这就是我们人类全体所馨香祷祝的世界大同"①。五四新文化运动时期，中国激进的民主主义知识分子和广大爱国青年在关注民族解放、思想启蒙的同时，也高度关注"世界革命"和"人类解放"问题，如1919年成立的问题研究会在所列的"本会研究之问题"中，不仅包括当时中国的各种社会问题，还包括民族自决问题、海洋自由问题、军备限制问题、国际联盟问题、自由移民问题、人种平等关乎人类命运的世界性问题及俄国问题、德国问题、奥匈问题、印度自治问题、爱尔兰独立问题、土耳其分裂问题、埃及骚乱问题、重建比利时问题、飞渡大西洋问题、飞渡太平洋问题、白令直布罗陀英吉利三峡凿隧通车问题等。②毛泽东、蔡和森等创办的新民学会明确以"改造中国和世界"为宗旨。毛泽东在1920年给蔡和森的信中曾提到，新民学会会员大多倾向于世界主义，这种主义就是愿意自己好，也愿意别人好的主义，就是社会主义。这表明近代以来探索民族复兴之路的先进的中国人不是狭隘的民族主义者，他们对于民族复兴的追求是与对人类的关怀和世界责任联系在一起的。20世纪三四十年代，在人类面临法西斯的威胁和蹂躏时，苦难深重的中华民族勇敢地承担起了大国责任，以巨大的民族牺牲率先高举起反法西斯战争的旗帜，并与世界反法西斯同盟国军队和人民以及各种反法西斯力量"携手跨进同一条战壕，汇聚起挽狂澜于既倒的强大力量"，"作为世界反法西斯战争的东方主战场，中国人民抗日战争为世界反法西斯战争胜利作出了重大贡献"③，使中华民族赢得了世界爱好和平人民的尊敬，并由此重新确立了中国在世界上的大国地位。正如习近平总书记所指出的：中国人

① 《李大钊文集》（上），人民出版社1984年版，第625、626页。

② 《毛泽东早期文稿》，湖南出版社1990年版，第292、397~398页。

③ 习近平：《在纪念中国人民抗日战争暨世界反法西斯战争胜利70周年招待会上的讲话》，《人民日报》2015年9月4日。

民深知和平的宝贵。消除战争，实现和平，是近代以后中国人民最迫切、最深厚的愿望。走和平发展道路，是中华民族优秀文化传统的传承和发展，也是中国人民从近代以后苦难遭遇中得出的必然结论。中国人民对战争带来的苦难有着刻骨铭心的记忆，对和平有着孜孜不倦的追求，十分珍惜和平安定的生活。中国人民怕的就是动荡，求的就是稳定，盼的就是天下太平。①

90多年前，中国共产党在中国社会的剧烈动荡中诞生，成立时的任务之一就是结束中国从19世纪中叶起陷入的战乱频仍、民不聊生的悲惨境地。从1921年到1949年，为实现中国和平稳定、中国人民安居乐业，中国共产党团结带领中国人民进行了长达28年的武装斗争，付出了巨大牺牲。作为一个以共产主义为最终奋斗目标的政党，中国共产党既为实现中华民族的伟大复兴而奋斗，也为全人类的共同利益而奋斗；中国共产党人既是爱国主义者，又是国际主义者。中国共产党领导的中华民族的伟大复兴的事业不仅仅局限于本国与本民族的发展，而是将本国本民族的发展与世界各国各民族的发展联系在一起的，也是以贡献人类社会为责任和追求的。在新民主主义革命胜利的前夕，毛泽东在《论人民民主专政》一文中即探讨到"人类进步的远景的问题"②。中华人民共和国建立时，毛泽东在中国人民政治协商会议第一次全体会议的开幕词中表示，随着中华人民共和国的成立，"我们的民族将从此列入爱好和平自由的世界各民族的大家庭，以勇敢而勤劳的姿态工作着，创造自己的文明和幸福，同时也促进世界的和平和自由"③。这是中华人民共和国对全世界的庄严承诺：中华民族不仅为创造自己的文明和幸福而奋斗，也为促进世界的和平与自由而奋斗。中华人民共和国自建立以来，始终不渝地坚持走和平发展的道路，毛泽东指出："中国共产党是马列主义的政党，中国人

---

① 《习近平在中共中央政治局第三次集体学习时强调：更好统筹国内国际两个大局　夯实走和平发展道路的基础》，《人民日报》2013年1月30日，第1版。

② 《毛泽东选集》第四卷，人民出版社1991年版，第1469页。

③ 《建国以来毛泽东文稿》第一册，中央文献出版社1987年版，第6页。

民是爱好和平的。我们认为，侵略就是犯罪，我们不侵略别国一寸土、一根草。我们是爱好和平的，是马克思主义的。在国际上，我们反对大国主义。"①1956年8月，毛泽东在中共八大第一次预备会议上谈到了中华民族对人类的贡献问题，他说道，过去人家看我们不起是有理由的，因为你没有什么贡献。我们这个国家建设起来，是一个伟大的社会主义国家，将完成改变过去一百多年落后的那种情况，被人家看不起的那种情况。如果不是这样，"那我们中华民族就对不起全世界各民族，我们对人类的贡献就不大"②。随后，他在为纪念孙中山诞辰90周年而写的《纪念孙中山先生》一文中明确提出："进到二十一世纪的时候，中国的面目更要大变。中国将变为一个强大的社会主义工业国。中国应当这样。因为中国是一个具有九百六十万平方公里土地和六万万人口的国家，中国应当对于人类有较大的贡献。而这种贡献，在过去一个长时期内，则是太少了。这使我们感到惭愧。"③后来，他又多次谈道："中国不仅要自己料理自己，自己过生活，还应该对别的国家和民族进行帮助，对世界有些益处。同别的国家一样，不仅要为自己而且还要对世界做些贡献。"④1974年，邓小平在联合国第六届特别会议上的发言中向全世界宣告中国政府和中国人民不接受"国强必霸"的强权逻辑，他说："如果中国有朝一日变了颜色，变成一个超级大国，也在世界上称王称霸，到处欺负人家，侵略人家，剥削人家，那么，世界人民就应当给中国戴上一顶社会帝国主义的帽子，就应当揭露它，反对它，并且同中国人民一道，打倒它。"⑤

进入改革开放新时期，中国与世界的联系日趋密切，邓小平、江泽民、胡锦涛、习近平继承并发展了毛泽东关于中国应对人类有较大贡献的思想，

① 《毛泽东文集》第七卷，人民出版社1999年版，第123页。

② 《毛泽东文集》第七卷，人民出版社1999年版，第89页。

③ 《毛泽东文集》第七卷，人民出版社1999年版，156—157页。

④ 《毛泽东文集》第八卷，人民出版社1999年版，第71页。

⑤ 《邓小平在联大第六届特别会议上的发言》，《人民日报》1974年4月11日。

并将这一思想体现在中国的发展战略上。

邓小平把中国的发展与中国对人类的贡献联系起来，指出中国只有发展起来，才能"对人类作出比较多一点的贡献"①。他强调，衡量我们是不是真正的社会主义国家，不但要使我们自己发展起来，而且要能够随着自己的发展，对人类作更多的贡献。②江泽民明确把对人类作出更大贡献同实现中华民族伟大复兴联系起来，他指出："中国作为疆域辽阔、人口众多、历史悠久的国家，应该对人类有较大贡献。中国人民所以要进行百年不屈不挠的斗争，所以要实行一次又一次的伟大变革、实现国家的繁荣富强，所以要加强民族团结、完成祖国统一大业，所以要促进世界和平与发展的崇高事业，归根到底就是为了一个目标：实现中华民族的伟大复兴，争取对人类作出新的更大的贡献。"③1995年10月，在联合国成立50周年特别纪念会上，江泽民代表中国政府向世界宣告："中国发展和强大起来，也绝不谋求霸权，绝不会对任何国家构成威胁，而且中国作为维护世界和平与稳定的重要力量，必将对人类作出更大贡献。"④进入新世纪新阶段，随着中国综合国力的显著增强，人民生活水平的明显改善，胡锦涛多次谈道："中国人民有信心、有能力建设好自己的国家，也有信心、有能力为世界作出自己应有的贡献。"⑤他强调，随着全面建成小康社会目的的达成，"我们的国家将更加繁荣富强，人民的生活将更加幸福安康，中华民族将为人类作出更大贡献"⑥。改革开放以来，中国高举和平、发展、合作、共赢的旗帜，坚持把中国人民利益同各国人民共同利益结合起来，坚定不移致力于维护世界和平、促进共同发展。开创了"不

---

① 《邓小平文选》第二卷，人民出版社1994年版，第237页。

② 《邓小平思想年谱（1975—1997）》，中央文献出版社1998年版，第70页。

③ 《江泽民文选》第二卷，人民出版社2006年版，第63页。

④ 《江泽民文选》第一卷，人民出版社2006年版，第481页。

⑤ 《十七大以来重要文献选编》中，中央文献出版社2011年版，第234页。

⑥ 《十六大以来重要文献选编》上，中央文献出版社2005年版，第493页。

冲突不对抗，相互尊重，合作共赢"新型的大国关系，为维护现有国际秩序与构建新国际秩序，打造人类命运共同体奠定了基础，是对人类和平与发展事业的重大贡献。

党的十八大明确提出了"两个一百年"的奋斗目标，明确提出了实现中华民族伟大复兴的中国梦的奋斗目标。以习近平同志为核心的党中央将坚持走和平发展道路，作为实现伟大奋斗目标的根本保障，指出，实现我们的奋斗目标，必须有和平国际环境。没有和平，中国和世界都不可能顺利发展；没有发展，中国和世界也不可能有持久和平。中国的和平发展道路来之不易，这是中华人民共和国成立以来特别是改革开放以来，我们党经过艰辛探索和不断实践逐步形成的。我们党始终高举和平的旗帜，从来没有动摇过。在长期实践中，我们提出和坚持了和平共处五项原则，确立和奉行了独立自主的和平外交政策，向世界作出了永远不称霸、永远不搞扩张的庄严承诺，强调中国始终是维护世界和平的坚定力量。这些我们必须始终不渝坚持下去，永远不能动摇。我们一定要抓住机遇，集中精力把自己的事情办好，使国家更加富强，使人民更加富裕，依靠不断发展起来的力量更好走和平发展道路。①从人类历史发展潮流的宏大视野出发，习近平总书记强调，世界潮流，浩浩荡荡，顺之则昌，逆之则亡。纵观世界历史，依靠武力对外侵略扩张最终都是要失败的。这就是历史规律。世界繁荣稳定是中国的机遇，中国发展也是世界的机遇。和平发展道路能不能走得通，很大程度上要看我们能不能把世界的机遇转变为中国的机遇，把中国的机遇转变为世界的机遇，在中国与世界各国良性互动、互利共赢中开拓前进。我们要坚持从我国实际出发，坚定不移走自己的路，同时我们要树立世界眼光，更好把国内发展与对外开放统一起来，把中国发展与世界发展联系起来，把中国人民利益同各国

---

① 《习近平在中共中央政治局第三次集体学习时强调：更好统筹国内国际两个大局　夯实走和平发展道路的基础》，《人民日报》2013年1月30日，第1版。

人民共同利益结合起来，不断扩大同各国的互利合作，以更加积极的姿态参与国际事务，共同应对全球性挑战，努力为全球发展作出贡献。①

　　将中国对于人类和世界作出更大贡献作为重要的执政理念。进入中国特色社会主义新时代的中国，更加注重向世界展示"坚持和平发展、促进共同发展、维护国际公平正义、为人类作出贡献的负责任大国形象"②。习近平总书记多次指出："中国发展壮大，带给世界的是更多机遇而不是什么威胁。我们要实现的中国梦，不仅造福中国人民，而且造福各国人民。"③他首创"世界命运共同体"的理念，倡导"合作共赢"的战略思想，提出中国与"世界共同发展、共同繁荣"的战略思维。在提出实现中华民族伟大复兴的中国梦的奋斗目标后，又将"中国梦"与"世界梦"联系起来，强调"中国梦"是中国的，也是世界的，是发展中国与发展世界的有机统一，"中国梦"不仅是中华民族振兴之梦，也是为人类作出更大贡献之梦，是和平发展合作共赢的世界梦。

　　中国对和平发展的珍视，不仅体现在理念上，更重要的体现在行动中。中国高举和平、发展、合作、共赢的旗帜，始终不渝走和平发展道路，积极推进全球伙伴关系建设，主动参与国际热点难点问题的政治解决进程，在追求本国利益时兼顾他国合理关切，在谋求本国发展中促进各国共同发展，在力所能及的范围内承担更多国际责任和义务，做全球发展的贡献者，将自身发展经验和机遇同世界各国分享，欢迎各国搭乘中国发展"顺风车"。长期以来，中国为广大发展中国家提供了大量无偿援助、优惠贷款，提供了大量技术支持、人员支持、智力支持，为广大发展中国家建成了大批经济社会发展

　　①《习近平在中共中央政治局第三次集体学习时强调：更好统筹国内国际两个大局　夯实走和平发展道路的基础》，《人民日报》2013年1月30日，第1版。

　　②《习近平主持中央政治局集体学习时强调：提高软实力　实现中国梦》，《人民日报（海外版）》2014年1月1日。

　　③《建立以合作共赢为核心的新型国际关系》，《人民日报》2013年3月24日。

和民生改善项目。今天，成千上万的中国科学家、工程师、企业家、技术人员、医务人员、教师、普通职工、志愿者等正奋斗在众多发展中国家广阔的土地上，同当地民众手拉手、肩并肩，帮助他们改变命运。中国政府先后出台了一系列惠及世界各国特别是发展中国家发展的重大战略举措：为了资助金砖国家及其他发展中国家的基础设施建设，中国倡议成立金砖国家新开发银行。为了促进亚洲经济持续稳定发展，推动本地区互联互通建设和经济一体化进程，中国发起建立亚洲基础设施投资银行，向包括东盟国家在内的本地区发展中国家基础设施建设提供资金支持。中国政府还作出推动共建"丝绸之路经济带"和"二十一世纪海上丝绸之路"的重大决策，本着互利共赢的原则同沿线国家开展合作，打造开放、包容、均衡、普惠的区域合作架构，"彰显人类社会共同理想和美好追求"，"是一项造福世界各国人民的伟大事业"。①目前，中国累计派出3.6万余人次维和人员，成为联合国维和行动的主要出兵国和出资国。此时此刻，2500多名中国官兵正在8个维和任务区不畏艰苦和危险，维护着当地和平安宁。

面向未来，习近平总书记明确指出："中国人民深知，中国发展得益于国际社会，愿意以自己的发展为国际发展作出贡献。中国对外开放，不是要一家唱独角戏，而是要欢迎各方共同参与；不是要谋求势力范围，而是要支持各国共同发展；不是要营造自己的后花园，而是要建设各国共享的百花园。"②

秉持对人类社会和平发展的强烈使命感，习近平总书记面向世界郑重承诺：第一，一如既往为世界和平安宁作贡献。中国共产党人深知和平的可贵，也具有维护和平的坚定决心，将积极参与全球治理体系改革和建设，推动国际政治经济秩序朝着更加公正合理的方向发展。中国无论发展到什么程度，都永远不称霸，永远不搞扩张。第二，一如既往为世界共同发展作贡

① 《十八大以来重要文献选编》（中），中央文献出版社2016年版，第443页。

② 习近平：《在庆祝中国共产党成立95周年大会上的讲话》，人民出版社2016年版，第21页。

献。中国共产党从人民中走来、依靠人民发展壮大，历来有着深厚的人民情怀，不仅对中国人民有着深厚情怀，而且对世界各国人民有着深厚情怀，不仅愿意为中国人民造福，也愿意为世界各国人民造福。根据党的十九大的安排，到2020年中国将全面建成小康社会，到2035年中国将基本实现社会主义现代化，到本世纪中叶中国将建成富强民主文明和谐美丽的社会主义现代化强国。这将造福中国人民，也将造福世界各国人民。第三，一如既往为世界文明交流互鉴作贡献。中国共产党历来强调树立世界眼光，积极学习借鉴世界各国人民创造的文明成果，并结合中国实际加以运用。马克思主义就是中国共产党人从国外学来的科学真理。我们结合中国实际，不断推进马克思主义中国化时代化大众化，使之成为指导中国共产党领导中国人民不断前进的科学理论。中国共产党将以开放的眼光、开阔的胸怀对待世界各国人民的文明创造，愿意同世界各国人民和各国政党开展对话和交流合作，支持各国人民加强人文往来和民间友好。

总之，中国人民在实现民族复兴的征程中走出一条和平发展的道路，为避免重蹈国强必霸的"修昔底德陷阱"，构建人类文明史上的新型大国关系作了积极的探索。中华民族的复兴，给世界各国带来的不是威胁，而是发展的机遇。但是，随着中国自改革开放以后在经济、政治、军事等综合实力方面的崛起，美国等西方国家制造"中国威胁论"，认为中国的崛起会威胁到美国等现在世界大国的利益，企图遏制中国的发展或在国际舞台中孤立中国。对此，中国作出明确回应：西方国家这种自陷"修昔底德陷阱"的心态，是绝对荒谬的。中华民族血液中没有侵略、称霸世界的基因，中国人民不接受"国强必霸"的逻辑，将坚持走和平发展的道路，同时，也将推动世界各国共同坚持和平发展。历史和现实已经证明并将继续证明，中华民族的复兴，不仅将造福中国人民，而且将造福世界人民。

二、拓展了走向现代化的途径

2016 年 8 月 22 日，联合国开发计划署和国务院发展研究中心在北京发布《2016 中国人类发展报告》，以"人类发展指数"为依据，指出中国已成为"高水平人类发展国家"，是 30 余年来在人类发展领域中进步最快的国家之一。[1]寻找其中的答案，关键是道路问题。中国走自己的路，建设中国特色社会主义，推动我国经济实力、科技实力、国防实力、综合国力进入世界前列，推动我国国际地位实现前所未有的提升，党的面貌、国家的面貌、人民的面貌、军队的面貌、中华民族的面貌发生了前所未有的变化，中华民族以崭新姿态屹立于世界的东方，使近代以来久经磨难的中华民族迎来了从站起来、富起来到强起来的伟大飞跃，迎来了实现中华民族伟大复兴的光明前景。这一令世人瞩目的伟大成就，意味着科学社会主义在 21 世纪的中国焕发出强大生机活力，在世界上高高举起了中国特色社会主义伟大旗帜；意味着中国特色社会主义道路、理论、制度、文化不断发展，拓展了发展中国家走向现代化的途径，给世界上那些既希望加快发展又希望保持自身独立性的国家和民族提供了全新选择，为解决人类问题贡献了中国智慧和中国方案。

众所周知，长期以来，世界现代化道路大体可分为西方资本主义现代化和以苏联为代表的社会主义现代化两种模式。由于现代化浪潮始自欧美诸国，且获得高度成功，所以人们往往把现代化视为"西方化""工业化"。著名的现代化理论家布莱克认为："'西方化'和现代化事实上是不能区别的。"[2]瓦尔马认为："工业资本主义是现代化的主要模式之一，是现代化社会

---

① 《2016 中国人类发展报告》，《人民日报》2016 年 8 月 23 日。

② [美] 布莱克：《现代化的动力——一个比较史的研究》，景跃进、张静译，浙江人民出版社 1989 年版，第 125 页。

的同义词。"①吉尔伯特·罗兹曼在《中国的现代化》中，虽然强调"现代化"与"工业化"或"西化"是不同的，力图避免西方中心的倾向，但他以"成功者"和"后来者"的概念来评价中国的现代化之路，本身还是以西方的现代化为参照。而现代化理论之所以在20世纪50年代开始掀起热潮，就是一批刚刚独立的民族国家都把经济上的富强、赶超西方发达国家、实现现代化作为自己的奋斗目标，其本身就是将西方国家发展道路当作普遍适用的发展模式来进行理论总结的。始自欧美诸国的现代化浪潮，的确获得高度成功，但大都伴随着海外扩张和殖民掠夺，给世界人民带来深重苦难。特别近些年，一些发展中国家实行"西方化"的现代化模式，纷纷宣告失败。而西方传统工业化道路导致日益严重的全球生态环境问题，肇始于发达国家的国际金融危机让世界吞下苦果。

社会主义主张起源于欧洲，与资本主义相伴而生。因为资本主义在带来巨大物质财富的同时，也带来了阶级剥削和两极分化等弊端，空想社会主义就是力图用更理想的社会制度取代资本主义制度。到19世纪中叶，经马克思、恩格斯的不懈努力，空想变成科学，科学社会主义诞生。再到1917年，俄国爆发的十月革命，使社会主义由理论变成了现实。第二次世界大战后，世界上建立起一系列新的社会主义国家，形成了强大的社会主义阵营。但与资本主义相比，社会主义实践的历史并不长，需要进一步的探索与实践。考察人类发展历史，人类社会制度的发展是曲折与前进的统一体，作为一种全新的社会制度，社会主义制度的完善要经历一个长期的过程，中间发生波折是不可避免的。20世纪90年代，苏联解体、东欧剧变，世界社会主义陷入低潮，不少人对社会主义的前途命运产生怀疑。

虽然事实证明西方的成功模式难以在世界各地成功复制，现代化理论热潮也一度陷于沉寂，但"苏东剧变"宣告苏联模式的现代化之路的失败，从

---

① [美] 瓦尔马著：《现代化问题探索》，周忠德、严炬新编译，知识出版社1983年版，第29页。

另外一面加深着西方资本主义现代化模式的唯一合理性。受此影响，我国学者在探讨中国的现代化道路时，大多不自觉地从世界现代化的一般指标的符合程度出发来寻求中国现代化得以成功的答案，忽视了马克思主义中国化之于中国现代化的内在关联，从而看不到中国特色社会主义现代化道路所具有的重要理论价值。近些年来，国内外有些舆论提出中国现在搞的究竟还是不是社会主义的疑问，有人说是"资本社会主义"，还有人干脆说是"国家资本主义""新官僚资本主义"。这些都是完全错误的。事实说明，现代化并非西方资本主义一条道路，社会主义并非只有"苏联模式"。世界上没有放之四海而皆准的发展模式，也没有一成不变的发展道路。

邓小平同志曾经深刻地、总结性地指出："我们的现代化建设，必须从中国的实际出发。无论是革命还是建设，都要注意学习和借鉴外国经验。但是，照抄照搬别国经验、别国模式，从来不能得到成功。这方面我们有过不少教训。"自1978年至今，中国共产党用短短40年的时间，创造了令世人瞩目的"中国奇迹"，把一个贫穷落后的发展中国家，一跃推向世界第二大经济体、第一大贸易国。这充分显示出中国特色社会主义发展道路的科学性和强大生命力。中国特色社会主义发展道路是一条与西方不同的现代化道路，是一条生产力水平大幅提高、以实现共同富裕为价值取向的社会主义道路，是一条生产发展、生活富裕、生态良好的文明发展道路，是一条通过合作共赢实现共同发展的和平发展道路。特别是党的十八大以来，以习近平同志为核心的党中央对现代化规律的认识达到了新高度，不仅科学回答了中国现代化面临的问题，而且有助于解答人类共同面临的发展难题：提出"四个全面"战略布局，解决推进现代化的顶层设计问题；提出创新、协调、绿色、开放、共享的新发展理念，解决发展动力、协调发展、生态安全、统筹内外、收入差距等问题；提出协同推进新型工业化、信息化、城镇化、农业现代化和绿色化，破解传统工业化困局；提出"一带一路"倡议将引导中国与世界更加深刻互动，推动全球投资贸易的蓬勃发展，提升沿线国家特别是发展中国家的基础设施建设，提高当地生产力，促进世界经济的协调发展。

　　大数据更能说明中国对世界经济发展作出的重大贡献。1978年，中国国内生产总值占世界的比重仅为1.8%。仅仅40年后，中国国内生产总值占世界的比重达到15.5%，对世界经济增长的贡献率达到近30%，超过美国居全球第一位。尤其是2008年国际金融危机发生以后，中国逐渐成为带动世界经济发展的主要动力。中国是世界主要对外投资大国，2005—2014年中国对外投资对全球跨境投资增长的贡献率达19.9%。有西方学者做过计算，2011年，中国为世界贡献了1.3万亿美元的经济增长，相当于每12周半创造出一个希腊的经济总量，每一年创造出一个西班牙的经济总量。2013年，中国进出口总值达4.16万亿美元，成为全球货物贸易进出口第一大国，为全球贸易伙伴创造了大量就业岗位和投资机会。近年来，中国经济发展进入新常态，增速从高速转为中高速，但减速不减势、量增质更优，给世界经济带来更为巨大而综合的正面外溢效应。2013—2015年，在世界经济增速仅为2.4%的情况下，中国经济平均增速达到7.3%，继续领跑世界。2016年8月22日，联合国开发计划署在北京发布的《2016中国人类发展报告》指出，自改革开放以来，中国年均国内生产总值（GDP）增长率高达近10%，成为世界第二大经济体并使约6.6亿人脱贫。从1980—2010年的30年间，中国收入指数的增幅在全球排名第一。对中国人类发展指数增长因素的分析表明，30年间经济（收入）增长对人类发展指数增长的贡献达到了56.26%，其中1980—1990年间的贡献率更是高达65.53%。收入的快速增长让大量人口摆脱了贫困，不仅提高了物质生活水平，也大大扩展了机会和选择。①目前，中国是世界货物贸易第一大国，是世界货物贸易增长的最大贡献者，是后国际金融危机时期稳定世界市场预期的重要力量。中国服务贸易进出口总额跃居世界第二位，是世界服务贸易增长的最大促进者。

---

　　① 《2016中国人类发展报告》，《人民日报》2016年8月23日。

改革开放以来的历史和实践证明，中国的改革开放政策和建设有中国特色社会主义道路不仅是中国人民的正确抉择，是中国走向现代文明的唯一途径，而且还是一条有别于西方传统现代化模式的新的现代化之路。

在不少西方学者、政要、媒体看来，西方的道路是人类文明发展的唯一正确道路，西方的今天就是世界的明天，高估西方道路的世界意义和对不同国家、地区、民族的适用性。改革开放后中国的崛起，特别是2008年世界金融—经济危机发生后，国际社会开始改变对人类文明发展道路的看法，已有越来越多的国内外学者注意到中国特色社会主义道路所具有的重大价值，关于"北京共识""中国模式""中国道路"等议论和研究也多了起来，一定程度上承认中国道路的世界意义。一些外国学者认为，中国快速发展，导致一些西方理论正在被质疑，一种新版的马克思主义理论正在颠覆西方的传统理论。2004年5月，英国著名思想库伦敦外交政策研究中心发表了《北京共识》的研究报告，认为中国通过努力、主动创新和大胆实践，摸索出一个适合本国国情的发展模式。这种发展模式不仅适合中国，也是一些发展中国家效仿的榜样。美国学者阿里夫·德里克指出："中国模式"中被大力称道的"民族经济一体化、自主发展、经济和政治主权以及社会平等等这些主题的历史与中国革命的历史一样悠久，是在社会主义革命时期提出的。"而这些社会主义革命的历史遗产，则是"中国模式"中最重要的内容。①曾经提出"历史终结论"的美国学者福山也修正了自己的观点，他在2009年初接受日本记者专访时坦承："客观事实证明西方自由民主可能并不是历史进化的终点，随着中国的崛起，所谓'历史终结论'有待进一步推敲和完善，人类思想宝库需要为中国传统留有一席之地。"英国的马丁·雅克在《大国雄心——一个永不褪色的大国梦》一书中也指出："中国绝对不会走上西方民主化的道路，只

①［美］阿里夫·德里克：《中国发展道路的反思：不应抛弃社会主义革命的历史遗产》，远山编译，《当代世界与社会主义》2005年第5期，第7页。

会选择一条不同于西方世界的发展模式；中国的崛起将改变的不仅仅是世界经济格局，还将彻底动摇我们的思维和生活方式。"这充分说明，中国道路已引起国际社会的广泛关注，赢得了国际社会的认同。

中国特色社会主义的发展目标是建设富强、民主、文明、和谐的社会主义现代化国家，这代表了人类社会发展进步的方向。中国道路的成功探索及实践，不仅拓展了符合人类文明发展规律的现代化进程，而且解构了西方中心主义的话语体系。中国坚定不移地走和平发展道路，打造人类命运共同体，秉持公道正义，谋求共建共享，提供发展经验，实施"一带一路"建设，推动与各方关系全面发展，开辟出人类文明发展的新路径，推进全球治理体系朝着更加公正合理的方向前行，对世界发展有着重大意义。如果真有"历史的终结"，那也是中国终结西方主宰不合理的国际秩序与全球治理体系的历史，世界将迎来一个公平、公正的新的国际秩序。中国特色社会主义用事实证明，历史不会因此终结，人类探索理想社会制度的脚步不会停歇。中国共产党探索出适合本国国情的社会主义道路，用成功实践诠释什么是社会主义、怎样坚持和发展社会主义。中国特色社会主义以巨大发展成就有力证明：社会主义代表人类进步方向，社会主义优越于资本主义；在当代中国，坚持和发展中国特色社会主义就是真正坚持科学社会主义。

中国特色社会主义对世界的贡献带来的是世界对社会主义的信心更足。中国改革开放和现代化建设所取得的伟大成就举世瞩目，在世界社会主义运动史上是没有先例的。它使社会主义从一度的低谷进入了柳暗花明又一村的境界，使人们从社会主义在中国跨越式发展中看到了世界社会主义事业振兴的璀璨曙光，充分展示了社会主义的勃勃生机和强大活力，开辟了世界社会主义运动复兴的前进方向。一方面，为世界社会主义运动逐步走出低谷注入了强大动力。另一方面，重新认识和校正了社会主义与资本主义的关系，社会主义和资本主义两种制度长期共存是当代世界一个不争的事实，短时间内改变不了，但改革开放40年来取得的成就，却已从发展的趋势和速度上为社会主义是必由之路、社会主义优于资本主义提供了有力的证明，令世界对科学社会主义的生命力刮目相看。

社会主义优于资本主义，最根本的是社会主义的性质和目的在于以人为本、以实现最广大人民的利益为根本宗旨、以实现人的自由全面发展为最终目标。作为以马克思主义为指导、以中国共产党领导为最本质特征和最大优势的中国特色社会主义，以人民立场为根本政治立场，坚持以人民为中心的发展思想，把改革发展成果更多更公平惠及全体人民作为出发点和落脚点。坚持和发展中国特色社会主义，在短时间里把一个人口比现有西方发达国家人口总和还多的国家带进现代化，在劳动生产率提高的速度、人民物质文化生活改善的幅度、共同富裕的进度、核心价值观的高度、民族凝聚力的强度、集中力量办大事的力度等方面，显示出巨大的优势。中国特色社会主义发展道路，既是现代化之路，要从低收入到中等收入进而到高收入，基本实现工业化、城市化和现代化的目标和任务；同时也是社会主义之路，不仅要使人民富裕起来，还要逐步使全体人民共同富裕起来。发展为了人民、发展依靠人民、发展成果由人民共享，这是中国推进改革开放和社会主义现代化建设的根本目的。改革开放以来，中国有7亿多人口摆脱贫困，13亿多人民的生活质量和水平大幅度提升，用几十年时间完成了其他国家几百年走过的发展历程。中国曾是世界上最贫困的国家之一。1981年，中国约有8.351亿贫困人口，贫困发生率为84.0%，占世界绝对贫困人口总数的43.6%；但是，到2010年，分别降至1.571亿人、11.8%和12.9%，分别减少了6.780亿人、72.2个百分点和30.7个百分点；同期，全世界绝对贫困人口从1981年的19.134亿下降至2010年的12.15亿，减少了6.984亿。中国的减贫贡献占世界绝对贫困人口总减少量的97.1%。而中国也从落后者成为贡献者，国务院新闻办公室2011年4月21日发表的《中国的对外援助》白皮书介绍说，截至2009年年底，中国累计对外提供援助金额达2562.9亿元人民币，其中无偿援助1062亿元，无息贷款765.4亿元，优惠贷款735.5亿元。正如习近平总书记所指出的，中国共产党领导中国人民取得的伟大胜利，使具有500年历史的社会主义主张在世界上人口最多的国家成功开辟出具有高度现实性和可行性的正确道路，让科学社会主义在21世纪焕发出新的蓬勃生机。[①]历史的发展充分证明，中国共产党之所以能完成近代以来其他各种政治力量不可能完成的艰巨任务，是因为有了科学社会主义；科学社会主义之所以能在21世纪焕发出新的蓬勃生机，正是因为中国共产党开辟出中国特色社会主义道路。

中国为什么能使科学社会主义在21世纪焕发出新的蓬勃生机？一方面，中国特色社会主义立足新的实际，坚持科学社会主义的基本原则，同时又根据时代条件赋予其鲜明的中国特色。从而保证它既牢牢坚持社会主义的性质，又能有效解决今天中国面临的问题，使中国以罕见的速度发展起来。社会主义必须随着时代发展而自我调整、自我革新、自我完善。从马克思、恩格斯阐述科学社会主义原理到现在，人类的生产方式、生活方式、交往方式等都发生了巨大变化。因此，社会主义的具体模式不应该也不可能固守马克思主义经典作家的设想，不能固守"苏联模式"，而必须跟上时代前进的步伐。中国特色社会主义，正是建立在对共产党执政规律、社会主义建设规律、人类社会发展规律认识不断升华的基础上，从而保证它始终沿着人类文明进步方向，沿着解放和发展生产力、造福人民的道路披荆斩棘、砥砺前行，不断取得新的认识成果和发展成就。改革开放以来，社会主义市场经济、社会主义民主政治、社会主义先进文化、社会主义和谐社会、社会主义生态文明等的建构与发展，无不是科学社会主义基本原则同中国实际和时代特征有机结合的成果。另一方面，中国特色社会主义赋予科学社会主义鲜明的民族性。科学社会主义的基本原则具有普遍性，但其实现途径与具体表现形式不可能千篇一律，还需要考虑和适应不同国家的特点尤其是历史与文化特点。中国特色社会主义立足当代中国国情，根植中国土壤，属于中国，具

---

① 习近平：《在庆祝中国共产党成立95周年大会上的讲话》，《人民日报》2016年7月2日。

有中国的个性，而社会主义的共性即其基本原则和基本性质，则寓于这个个性之中，具有普遍的思想价值。它是历史演进的新长河中共性和个性相结合的产物，代表了对科学社会主义认识和实践的新水平。中国特色社会主义发展道路既坚持科学社会主义的基本原则，又坚持与时俱进，根据时代的变化和实践的发展不断创新，推进了科学社会主义的新发展。总之，中国特色社会主义继承和发展了马克思主义、毛泽东思想，它自身也经历了从邓小平理论到"三个代表"重要思想、科学发展观，再到习近平新时代中国特色社会主义思想，形成了一个系统完整的科学理论体系。这一理论体系，是历史逻辑、理论逻辑、实践逻辑以及未来逻辑的融会贯通，是马克思主义中国化的最新发展。坚持和发展中国特色社会主义，使科学社会主义在21世纪焕发出新的蓬勃生机，在世界面前展现了它的强大生命力和无穷创造力，为人类探索更美好的社会制度提供了中国方案。

中国特色社会主义是社会主义，那就是不论怎么改革、怎么开放，我们都始终要坚持中国特色社会主义道路、中国特色社会主义理论体系、中国特色社会主义制度、中国特色社会主义文化。这就是包括在中国共产党领导下，立足基本国情，以经济建设为中心，坚持四项基本原则，坚持改革开放，解放和发展社会生产力，建设社会主义市场经济、社会主义民主政治、社会主义先进文化、社会主义和谐社会、社会主义生态文明，促进人的全面发展，逐步实现全体人民共同富裕，建设富强民主文明和谐的社会主义现代化国家；包括坚持人民代表大会制度的根本政治制度，中国共产党领导的多党合作和政治协商制度、民族区域自治制度以及基层群众自治制度等基本政治制度、中国特色社会主义法律体系，公有制为主体、多种所有制经济共同发展的基本经济制度。这些都是在新的历史条件下体现科学社会主义基本原则的内容，如果丢掉了这些，那就不成其为社会主义了。

中国人民在实现民族复兴的征程中探索出来的发展道路为世界其他国家提供了一种落后国家崛起的新的发展模式。中国道路既是具有中国特色的中国之路，又是具有世界意义的中国之路。讲它是中国特色之路，是因为它具有中国的历史特点、民族特点、文化特点；讲它又是具有世界意义的中国之路，是因为它向人类，特别是向发展中国家提供了不同于西方国家发展道路的中国方案，也为人类对更好社会制度的探索提供了中国方案。"这个方案向世界表明，一个近百年来受列强压迫和侵略的民族，一个曾经落后于西方发达国家的民族，完全可以依靠自己的力量，建立与自己民族特点相符合的制度和发展道路，走上民族伟大复兴之路。"①这正是中华民族复兴之路的世界意义。

中国特色社会主义现代化道路的成功开拓，昭示了这样一条原则：各国的发展道路应由各国人民选择。所谓的"中国模式"是中国人民在自己的奋斗实践中创造的中国特色社会主义道路。马克思说："人们自己创造自己的历史，但是他们并不是随心所欲地创造，并不是在他们自己选定的条件下创造，而是在直接碰到的、既定的、从过去承继下来的条件下创造。"中国特色社会主义发展道路是在总结历史与现实、国内与国外的经验教训基础上，通过艰苦实践探索出来的与以往的所有国家的现代化道路都不同的新道路。中国特色社会主义现代化之路的成功，最根本的原因就在于它所代表的是一个发展中的大国在经济社会发展过程中如何逐渐摸索出了一条适合自己的发展道路，形成适合自己的模式。也就是说，这个模式，是立足自身实际，面向世界、面向未来，逐步探索出的一条既切合中国实际国情，又顺应世界历史潮流的具有中国特色的社会主义现代化道路，创造性地克服了近代以来中国现代化一个半世纪历程经历过的种种挫折、失误，成功地跨越了当今许多后发展中国家普遍面临的种种发展困境。现代世界史教授乔·科尔顿和劳埃德·克莱默所说："中国为20世纪最后几十年以来的世界树立了经济大发展和现代化的光辉典范。"世界首富比尔·盖茨也指出："中国作为全球发展伙

---

① 陈先达：《历史唯物主义与中国道路》，《光明日报》2016年9月7日。

伴的角色将日益凸显，在继续实现自身发展的同时，还将在帮助其他发展中国家应对挑战方面作出更大的贡献。"中国已经毫无疑问地成为我们所讨论的"现代世界历史"中的一支主要影响力量。世界银行前行长金墉表示："中国经验在国际社会被广泛讨论和研究，并对很多国家政策、改革产生影响，世界银行的工作也从中国经验中得到启发。""中国在多边发展和全球治理领域将发挥更大作用。"

每一种文明有每一种文明的优势，每一种制度有每一种制度的长处。人类历史是一幅不同文明、制度相互交流、互鉴、融合的宏伟画卷。中国特色社会主义发展道路为世界各国特别是发展中国家实现现代化提供了可资借鉴的新模式。中国现代化道路的成功实践是对西方现代化道路的超越，拓展了人类认识和推进现代化的新境界。中国特色社会主义发展道路向世界表明，一个国家要发展就必须独立自主地探索具有本国特色的发展道路和发展模式。任何社会的发展道路和发展模式都是针对本国自身的发展问题而提出来的，不同的国家都有自己的地域、民族、历史和经济文化等方面的特征，因而在确定自己的社会发展道路和发展模式时必须以自己的国情为出发点，不可盲目照搬照抄别国的发展模式和经验。中国特色社会主义道路的世界意义在于，对世界上那些正在寻找一条既能发展自己，又能保持本国特色的发展道路的国家来说，中国提供了一条新的思路。这就是，任何一个发展中国家在谋求自身发展时，必须从本国实际出发、遵循本国国情，通过创新找到适合本国发展的道路，而不能盲目照搬西方的任何一种发展道路和发展模式。对于广大发展中国家来说，无视本国实际情况，盲目照搬他国的模式和理论只会落入失败的陷阱。归结到一点，中国依据自身的实际情况，走出了与西方发达国家不同的成功之路，为其他发展中国家独立自主地走向繁荣富强树立了榜样；中国快速发展的具体举措与方法，为其他国家提供了可资借鉴的成功经验。

总之，中国特色社会主义发展道路作为一种新的现代化方案、新的现代文明形态，充分展现出人类文明发展的美好前景。中国特色社会主义发展道路，既是现代化之路，也是中华民族复兴之路，是具有独特的延续性、包容性、开放性的中华民族的伟大复兴。中国已逐渐成为包容性人类发展的引领者，并为其他国家提供可借鉴的案例。中国道路是开放的人类文明发展新路，既传承中华民族悠久历史和优秀文化，又面向未来、面向世界、面向现代化；既强调人民的根本利益，又着力发挥人民的首创精神；既能够不断适应生产力发展要求调整生产关系，又注重以理论创新推动实践创新；既坚持科学社会主义基本原则，又汲取人类文明一切优秀成果，将社会主义与市场经济相结合、自主创新与借鉴别国经验相结合、独立自主与世界各国合作共赢相结合；既发展中国又贡献世界；既坚持民族特色又顺应世界发展潮流，在经济全球化中彰显民族性、创造性和包容性。中国道路在理论上包含科学社会主义核心价值，在实践中与时俱进不断创新，向世界展现了中国特色社会主义的强大内生动力、巨大发展空间以及为人类文明发展作出更大贡献的美好前景。

习近平总书记指出，找到一条好的道路不容易，走好这条道路更不容易。过去，我们照搬过本本，也模仿过别人，有过迷茫，也有过挫折，一次次碰壁、一次次觉醒，一次次实践、一次次突破，最终走出了一条中国特色社会主义成功之路。现在，有些人议论这个道路、那个道路，有的想拉回到老路上，有的想引到邪路上去；有的是思想认识误区，有的是别有用心。中国特色社会主义这条道路，我们看准了、认定了，必须坚定不移走下去。要虚心学习借鉴人类社会创造的一切文明成果，但不能数典忘祖，不能照抄照搬别国的发展模式。要始终保持清醒坚定，保持强大前进定力，既不走封闭僵化的老路，也不走改旗易帜的邪路，不惧任何风险，不为任何干扰所惑。我们坚信，随着中国特色社会主义不断发展，我们的制度必将越来越成熟，我国社会主义制度的优越性必将进一步显现，我们的道路必将越走越宽广，我国发展道路对世界的影响必将越来越大。我们就是要有这样的道路自信、理论自信、制度自信、文化自信，真正做到"千磨万击还坚劲，任尔东西南北风"。

三、蕴含着全人类的共同价值

2014年3月27日，国家主席习近平在联合国教科文组织总部演讲中，深刻指出了文明交流互鉴的价值与作用。他指出，文明是多彩的，"一花独放不是春，百花齐放春满园"，人类文明因多样才有交流互鉴的价值；文明是平等的，世界上不存在十全十美的文明，也不存在一无是处的文明，人类文明因平等才有交流互鉴的前提；文明是包容的，一切文明成果都值得尊重，一切文明成果都要珍惜，人类文明因包容才有交流互鉴的动力；文明因交流而多彩，文明因互鉴而丰富。文明交流互鉴，是推动人类文明进步和世界和平发展的重要动力。无独有偶，40多年前的1972年，对于即将到来的21世纪，英国著名历史学家阿诺德·汤因比博士在与日本著名思想家、教育家池田大作先生的对话中，明确指出了人类在21世纪将不可避免地走向一体化，并预言这一进程将会以和平的方式实现。实现这一目标，他认为要有世界主义的思维，同时还要具备世俗的智慧。几乎与此同时，周恩来总理在接见池田大作先生时也明确指出："20世纪的最后25年是世界最为重要的一个时期，所有的国家都应该在平等的立场上，互相合作，共同努力。"周恩来、汤因比博士和池田大作先生，分别来自中国、英国和日本，分别信仰共产主义、基督教和佛教，文化背景不同，从事职业各异，但他们在经历世界大战之后，深知战争的残酷与无情，深感和平的珍贵与合作的重要。他们背靠战火弥漫的20世纪，眺望即将来临的21世纪，不约而同地站在全人类的立场，指明了平等合作、互利共赢的发展方向。

中国特色社会主义道路无疑是适合于中国特有国情的发展道路、人民幸福道路，但同时，蕴含其中的价值观念，对于人类社会的未来，也具有借鉴和启发意蕴。习近平总书记强调："中国共产党人和中国人民完全有信心为人类对更好社会制度的探索提供中国方案。"①中国方案是基于中国特色社会主义所取得的非凡成就，针对当今世界发展困境，为构建人类社会更加美好的未来而提出来的。一方面，中华民族拥有悠久历史和灿烂文明，但近代以后历经血与火的磨难。中国人民没有向命运屈服，而是奋起抗争、自强不息，探索出中国特色社会主义道路，从根本上改变了近代以来中华民族的历史命运，创造了人类社会发展史上惊天动地的发展奇迹。这一历史性成就，为中国方案提供了坚实的理论与实践基础。另一方面，以西方为中心的发展模式在实践中遇到多重困境，从南美到非洲、中东，众多发展中国家因复制西方模式而陷入"中等收入陷阱"；一些国家和地区冲突战争此起彼伏，千千万万民众在战火中痛苦求生；即便西方发达国家自身，也因其制度模式的内在缺陷而深陷金融危机之中难以自拔。

中国特色社会主义的成功，归根结底在于紧紧把握和顺应世界发展大势，走在时代前列。习近平总书记指出：什么是当今世界的潮流？答案只有一个，那就是和平、发展、合作、共赢。②

中华民族历来讲求"天下一家"，主张民胞物与、协和万邦、天下大同，憧憬"大道之行也，天下为公"的美好世界。中华人民共和国成立后，中国共产党始终把维护世界和平作为外交的最终目标，提出了"互相尊重领土主权③、互不侵犯、互不干涉内政、平等互惠④、和平共处"⑤的和平共处五项原则。周恩来据此指出："在亚非国家中是存在有不同的思想意识和社会制度的，但这并不妨碍我们求同和团结。五项原则完全可以成为在我们中间建立

---

① 习近平：《在庆祝中国共产党成立95周年大会上的讲话》，《人民日报》2016年7月2日。

② 习近平：《在德国科尔伯基金会的演讲》（2014年3月28日），《人民日报》2014年3月30日，第2版。

③ 在亚非会议上，周恩来在发言稿中将"互相尊重领土主权"，改为"互相尊重主权和领土完整"。

④ 在1954年6月中印、中缅联合声明中"平等互惠"改为"平等互利"。

⑤ 《周恩来外交文选》，中央文献出版社1990年版，第63页。

友好合作和亲善睦邻关系的基础。"①周恩来强调："这五项原则不应该只限于处理中印和中缅关系，它也可以适用于全亚洲，甚至全世界各国。"②

当前世界正处于风云变幻的时代，面对的是日新月异的世界。互联网、大数据、云计算、量子卫星、人工智能迅猛发展，人类生活的关联前所未有，同时人类面临的全球性问题数量之多、规模之大、程度之深也前所未有。世界各国人民前途命运越来越紧密地联系在一起。从着眼本国和世界，着眼全局和长远，自觉担负起时代使命出发，习近平总书记指出，面对这种局势，人类有两种选择。一种是，人们为了争权夺利恶性竞争甚至兵戎相见，这很可能带来灾难性危机。另一种是，人们顺应时代发展潮流，齐心协力应对挑战，开展全球性协作，这就将为构建人类命运共同体创造有利条件。习近平总书记强调：这个世界，和平、发展、合作、共赢成为时代潮流，旧的殖民体系土崩瓦解，冷战时期的集团对抗不复存在，任何国家或国家集团都再也无法单独主宰世界事务；这个世界，一大批新兴市场国家和发展中国家走上发展的快车道，十几亿、几十亿人口正在加速走向现代化，多个发展中心在世界各地区逐渐形成，国际力量对比继续朝着有利于世界和平与发展的方向发展；这个世界，各国相互联系、相互依存的程度空前加深，人类生活在同一个地球村里，生活在历史和现实交汇的同一个时空里，越来越成为你中有我、我中有你的命运共同体；这个世界，人类依然面临诸多难题和挑战，国际金融危机深层次影响继续显现，形形色色的保护主义明显升温，地区热点此起彼伏，霸权主义、强权政治和新干涉主义有所上升，军备竞争、恐怖主义、网络安全等传统安全威胁和非传统安全威胁相互交织，维护世界和平、促进共同发展依然任重道远。③面对国际形势的深刻变化和世界

---

① 《周恩来年谱（1949—1976）》上卷，中央文献出版社1997年版，第466页。

② 《周恩来外交文选》，中央文献出版社1990年版，第91页。

③ 习近平：《顺应时代前进潮流　促进世界和平发展——在莫斯科国际关系学院的演讲》（2013年3月23日，莫斯科），《人民日报》2013年3月24日，第2版。

各国同舟共济的客观要求，各国应该共同推动建立以合作共赢为核心的新型国际关系，各国人民应该一起来维护世界和平、促进共同发展。①世界潮流，浩浩荡荡，顺之则昌，逆之则亡。要跟上时代前进步伐，就不能身体已进入21世纪，而脑袋还停留在过去，停留在殖民扩张的旧时代里，停留在冷战思维、零和博弈老框框内，而要顺应时代发展潮流、把握人类进步大势、顺应人民共同期待，把自身发展同国家、民族、人类的发展紧密结合在一起，凝聚不同民族、不同信仰、不同文化、不同地域人民的共识，共襄构建人类命运共同体的伟业。人类命运共同体，顾名思义，就是每个民族、每个国家的前途命运都紧紧联系在一起，应该风雨同舟、荣辱与共，努力把我们生于斯、长于斯的这个星球建成一个和睦的大家庭，把世界各国人民对美好生活的向往变成现实。

面向未来，习近平总书记指出：我们要努力建设一个远离恐惧、普遍安全的世界。纵观人类文明发展进程，尽管千百年来人类一直期盼永久和平，但战争从未远离，人类始终面临着战火的威胁。人类生存在同一个地球上，一国安全不能建立在别国不安全之上，别国面临的威胁也可能成为本国的挑战。面对日益复杂化、综合化的安全威胁，单打独斗不行，迷信武力更不行。我们应该坚持共同、综合、合作、可持续的新安全观，营造公平正义、共建共享的安全格局，共同消除引发战争的根源，共同解救被枪炮驱赶的民众，共同保护被战火烧灼的妇女儿童，让和平的阳光普照大地，人人享有安宁祥和。我们要努力建设一个远离贫困、共同繁荣的世界。今天的世界，物质技术水平已经发展到古人难以想象的地步，但发展不平衡不充分问题仍然普遍存在，南北发展差距依然巨大，贫困和饥饿依然严重，新的数字鸿沟正在形成，世界上还有很多国家的民众生活在困境之中。如果奉行你输我赢、

---

① 习近平：《顺应时代前进潮流　促进世界和平发展——在莫斯科国际关系学院的演讲》（2013年3月23日，莫斯科），《人民日报》2013年3月24日，第2版。

赢者通吃的老一套逻辑，如果采取尔虞我诈、以邻为壑的老一套办法，结果必然是封上了别人的门，也堵上了自己的路，侵蚀的是自己发展的根基，损害的是全人类的未来。我们应该坚持你好我好大家好的理念，推进开放、包容、普惠、平衡、共赢的经济全球化，创造全人类共同发展的良好条件，共同推动世界各国发展繁荣，共同消除许多国家民众依然面临的贫穷落后，共同为全球的孩子们营造衣食无忧的生活，让发展成果惠及世界各国，让人人享有富足安康。我们要努力建设一个远离封闭、开放包容的世界。文明的繁盛、人类的进步，离不开求同存异、开放包容，离不开文明交流、互学互鉴。历史呼唤着人类文明同放异彩，不同文明应该和谐共生、相得益彰，共同为人类发展提供精神力量。我们应该坚持世界是丰富多彩的、文明是多样的理念，让人类创造的各种文明交相辉映，编织出斑斓绚丽的图画，共同消除现实生活中的文化壁垒，共同抵制妨碍人类心灵互动的观念纰缪，共同打破阻碍人类交往的精神隔阂，让各种文明和谐共存，让人人享有文化滋养。我们要努力建设一个山清水秀、清洁美丽的世界。地球是人类的共同家园，也是人类到目前为止唯一的家园。现在，有人正在外太空为人类寻找新的家园，但这还是一个遥远的梦想。在可预见的将来，人类都要生活在地球之上。这是一个不可改变的事实。我们应该共同呵护好地球家园，为了我们自己，也为了子孙后代。我们应该坚持人与自然共生共存的理念，像对待生命一样对待生态环境，对自然心存敬畏，尊重自然、顺应自然、保护自然，共同保护不可替代的地球家园，共同医治生态环境的累累伤痕，共同营造和谐宜居的人类家园，让自然生态休养生息，让人人都享有绿水青山。

习近平总书记大声呼吁："人类只有一个地球，各国共处一个世界。共同发展是持续发展的重要基础，符合各国人民长远利益和根本利益。我们生活在同一个地球村，应该牢固树立命运共同体意识，顺应时代潮流，把握正确方向，坚持同舟共济，推动亚洲和世界发展不断迈上新台阶。"①

对于如何建设和平、发展、合作、共赢的人类命运共同体，中华民族和中国人民经过艰辛的探索，给出了明确的答案。

首先，要尊重差异、开放包容。

阳光有七种颜色，世界万物万事总是千差万别、异彩纷呈的，如果万物万事都清一色了，事物的发展、世界的进步也就停止了。人类在漫长的历史长河中，创造和发展了多姿多彩的文明。文明多样性是人类社会的基本特征。当今世界有70亿人口，200多个国家和地区，2500多个民族，5000多种语言。不同民族、不同文明多姿多彩、各有千秋，没有优劣之分，只有特色之别。一个国家和民族的文明是一个国家和民族的集体记忆，都扎根于本国本民族的土壤之中，都有自己的本色、长处、优点。"一花独放不是春，百花齐放春满园。"如果世界上只有一种花朵，就算这种花朵再美，那也是单调的。

文明特别是思想文化是一个国家、一个民族的灵魂。无论哪一个国家、哪一个民族，如果不珍惜自己的思想文化，丢掉了思想文化这个灵魂，这个国家、这个民族是立不起来的。本国本民族要珍惜和维护自己的思想文化，也要承认和尊重别国别民族的思想文化。不同国家、民族的思想文化各有千秋，只有姹紫嫣红之别，而无高低优劣之分。每个国家、每个民族不分强弱、不分大小，其思想文化都应该得到承认和尊重。丰富多彩的人类文明都有自己存在的价值。要理性处理本国文明与其他文明的差异，认识到每一个国家和民族的文明都是独特的，坚持求同存异、取长补短，不攻击、不贬损其他文明。不要看到别人的文明与自己的文明有不同，就感到不顺眼，就要千方百计去改造、去同化，甚至企图以自己的文明取而代之。历史反复证

---

① 习近平：《共同创造亚洲和世界的美好未来——在博鳌亚洲论坛2013年年会上的主旨演讲》，《人民日报》2013年4月8日，第1版。

明，任何想用强制手段来解决文明差异的做法都不会成功，反而会给世界文明带来灾难。因此，要了解各种文明的真谛，必须秉持平等、谦虚的态度。如果居高临下对待一种文明，不仅不能参透这种文明的奥妙，而且会与之格格不入。历史和现实都表明，傲慢和偏见是文明交流互鉴的最大障碍。应该维护各国各民族文明多样性，加强相互交流、相互学习、相互借鉴，而不应该相互隔膜、相互排斥、相互取代，这样世界文明之园才能万紫千红、生机盎然。推动文明交流互鉴，可以丰富人类文明的色彩，让各国人民享受更富内涵的精神生活、开创更有选择的未来。

开放包容是尊重差异的升华，人类文明因包容才有交流互鉴的动力，为把世界多样性和各国差异性转化为发展活力和动力提供了广阔空间和无限可能。中华文明经历了5000多年的历史变迁，但始终一脉相承，积淀着中华民族最深层的精神追求，代表着中华民族独特的精神标识，为中华民族生生不息、发展壮大提供了丰厚滋养。中华文明是在中国大地上产生的文明，也是同其他文明不断交流互鉴而形成的文明。

历史告诉我们，只要秉持包容精神，就不存在什么"文明冲突"，就可以实现文明和谐。中国特色社会主义的成功，关键在于秉持开放精神，积极借鉴其他国家和地区发展经验，共享发展资源，推进区域合作。

其次，要平等相待、交流互鉴。

文明是平等的，人类文明因平等才有交流互鉴的前提。各种人类文明在价值上是平等的，都各有千秋，也各有不足。世界上不存在十全十美的文明，也不存在一无是处的文明，文明没有高低、优劣之分。文明因交流而多彩，文明因互鉴而丰富。文明交流互鉴，是推动人类文明进步和世界和平发展的重要动力。推动文明交流互鉴，需要秉持平等的态度和原则。

国家不分大小、强弱、贫富，都是国际社会平等成员，都有平等参与国际事务的权利。主权是国家独立的根本标志，也是国家利益的根本体现和可靠保证。主权和领土完整不容侵犯，各国应该尊重彼此核心利益和重大关切。各国的事务应该由各国人民自己来管，要尊重各国自主选择的社会制度和发展道路，反对出于一己之利或一己之见，采用非法手段颠覆别国合法政权。这些硬道理任何时候都不能丢弃，任何时候都不应动摇。对待国家间存在的分歧和争端，要坚持通过对话协商以和平方式解决，以对话增互信，以对话解纷争，以对话促安全，不能动辄诉诸武力或以武力相威胁。热衷于使用武力，不是强大的表现，而是道义贫乏、理念苍白的表现。只有基于道义、理念的安全，才是基础牢固、真正持久的安全。我们要推动建设开放、透明、平等的亚太安全合作新架构，推动各国共同维护地区和世界和平安全。

我们要坚持多边主义，不搞单边主义；要奉行双赢、多赢、共赢的新理念，扔掉我赢你输、赢者通吃的旧思维。协商是民主的重要形式，也应该成为现代国际治理的重要方法，要倡导以对话解争端、以协商化分歧。我们要在国际和区域层面建设全球伙伴关系，走出一条"对话而不对抗，结伴而不结盟"的国与国交往新路。大国之间相处，要不冲突、不对抗，相互尊重、合作共赢。大国与小国相处，要平等相待，践行正确义利观，义利相兼，义重于利。

文明因交流而多彩，文明因互鉴而丰富。文明交流互鉴，是推动人类文明进步和世界和平与发展的重要动力。我们要通过推动跨国界、跨时空、跨文明的交流互鉴活动，促进各国人民相互了解、相互理解、相互支持、相互帮助，在世界各国人民心灵中坚定和平理念、坚定共同发展理念，形成防止和反对战争、推动共同发展的强大力量。

再次，要互相信赖、合作共赢。

随着世界多极化、经济全球化深入发展和文化多样化、社会信息化持续推进，今天的人类比以往任何时候都更有条件朝和平与发展的目标迈进，而合作共赢就是实现这一目标的现实途径。

天空足够大，地球足够大，世界也足够大，容得下各国共同发展繁荣。一些国家越来越富裕，另一些国家长期贫穷落后。世界长期发展不可能建立在一批国家越来越富裕而另一批国家却长期贫穷落后的基础之上。"合则强，孤则弱。"合作共赢应该成为各国处理国际事务的基本政策取向。合作共赢是普遍适用的原则，不仅适用于经济领域，而且适用于政治、安全、文化等其他领域。世界各国联系紧密、利益交融，要互通有无、优势互补，在追求本国利益时兼顾他国合理关切，在谋求自身发展中促进各国共同发展，不断扩大共同利益汇合点。水涨船高，小河有水大河满，大家发展才能发展大家。各国在谋求自身发展时，应该积极促进其他国家共同发展，让发展成果更多更好惠及各国人民。要积极创造更多合作机遇，提高合作水平，让发展成果更好惠及各国人民，为促进世界经济增长多作贡献。只有各国共同发展了，世界才能更好发展。那种以邻为壑、转嫁危机、损人利己的做法既不道德，也难以持久。各国要同心协力，妥善应对各种问题和挑战。越是面临全球性挑战，越要合作应对，共同变压力为动力、化危机为生机。面对错综复杂的国际安全威胁，单打独斗不行，迷信武力更不行，合作安全、集体安全、共同安全才是解决问题的正确选择。

最后，共建公平正义的人类命运共同体。

"大道之行也，天下为公。"公平正义是世界各国人民在国际关系领域追求的崇高目标。在当今国际关系中，公平正义还远远没有实现。

为建立公平正义的世界秩序，应该共同推动国际关系民主化。在经济全球化时代，各国安全相互关联、彼此影响。没有一个国家能凭一己之力谋求自身绝对安全，也没有一个国家可以从别国的动荡中收获稳定。弱肉强食是丛林法则，不是国与国相处之道。穷兵黩武是霸道做法，只能搬起石头砸自己的脚。世界的命运必须由各国人民共同掌握，世界上的事情应该由各国政府和人民共同商量来办。垄断国际事务的想法是落后于时代的，垄断国际事务的行动也肯定是不能成功的。同时，应该共同推动国际关系法治化。推动各方在国际关系中遵守国际法和公认的国际关系基本原则，用统一适用的规则来明是非、促和平、谋发展。"法者，天下之准绳也。"在国际社会中，法律应该是共同的准绳，没有只适用他人、不适用自己的法律，也没有只适用自己、不适用他人的法律。适用法律不能有双重标准。我们应该共同维护国际法和国际秩序的权威性和严肃性，各国都应该依法行使权利，反对歪曲国际法，反对以"法治"之名行侵害他国正当权益、破坏和平稳定之实。为了和平，要牢固树立人类命运共同体意识。偏见和歧视、仇恨和战争，只会带来灾难和痛苦。相互尊重、平等相处、和平发展、共同繁荣，才是人间正道。世界各国应该共同维护以联合国宪章宗旨和原则为核心的国际秩序和国际体系，积极构建以合作共赢为核心的新型国际关系，共同推进世界和平与发展的崇高事业。

总之，中国特色社会主义的生动实践证明，社会主义具有强大生命力、影响力、感召力，中国特色社会主义道路不是照搬西方列强靠殖民扩张与掠夺实现大国崛起的道路，而是以传承中华文明、推动人类文明进步为己任，主张通过文明对话促进不同文明间交流互鉴，努力推动人类命运共同体和利益共同体的形成。众所周知，对话是人类思想形成的基石，也是人类文明进步的摇篮。历史地考察人类社会发展进程，不同文明间的对话在实际上促进了制度的改善与文明的进步。在"文明冲突论"甚嚣尘上的当今世界，中国将促进文明交流互鉴作为构建人类命运共同体重要的一环，高度重视文明对话对于构建新型国际关系的重要价值，明确指出各文明的多样性与差异性是人类社会的基本特征，强调通过对话找到各方关切的最大公约数，推动不同文明相互尊重、和谐共生，让文明交流互鉴成为增进各国人民友谊的桥梁、推动人类社会进步的动力、维护世界和平的纽带。中国特色社会主义发展道路以文明对话开启新型国际关系的系统思考，是对中外优秀思想文化和智慧的融会贯通，对不同社会制度和发展道路的国家处理相互关系、推动建立以合作共赢为核心的新型国际关系具有重要的启示，既具有鲜明的中国特色与中国智慧，又蕴含着全人类的共同价值。这一道路基于对文明内涵和外延的深刻理解，体现着高度的文化自觉、自强和自信，在与其他国家和民族携手发展、和谐发展、共同发展、共享繁荣中实现中华民族的伟大复兴。

/ 结语 /

中国特色社会主义的自信之源

习近平总书记指出，当今世界，要说哪个政党、哪个国家、哪个民族能够自信的话，那中国共产党、中华人民共和国、中华民族是最有理由自信的。因此，必须高举中国特色社会主义伟大旗帜，牢固树立中国特色社会主义道路自信、理论自信、制度自信、文化自信。将中国特色社会主义放在中华民族追求伟大复兴的深远历史进程中去考察，我们可以看到，中国特色社会主义道路是在改革开放40年的伟大实践中走出来的，是在中华人民共和国成立近70年的持续探索中走出来的，是在对近代以来170多年中华民族发展历程的深刻总结中走出来的，是在对中华民族5000多年悠久文明的传承中走出来的，具有深厚的历史渊源和广泛的现实基础。

一、科学的理论武装指引正确方向

中华民族文明史发展5000年，虽历经战乱与分合仍旧连绵不绝而至今日，创造了璀璨而辉煌的中华文化，在延续和发展人类文明中贡献了自己的力量。历史悠久的中华文明与古埃及文明、古巴比伦文明、古印度文明并称于世，更以唯一一个绵延至今的文明体引人瞩目。数千年来，承载着中华文明历史进程的历史文化典籍不仅数量繁多，而且内容包罗万象，在世界首屈一指。这是中华文明特有的重要标志，是中华文化自身实力的象征。

但是，由于封建制度的顽固性和腐朽性，中国逐步在世界现代化的发展浪潮中落伍。1840年西方列强以战争强行打开中国市场，而后步步紧逼，导致中国危如累卵、人民流离失所，庞大的中华帝国逐步沦为半殖民地而无法自拔，救亡图存成为摆在中华民族和中国人民面前迫在眉睫的历史使命。

为改变中华民族屈辱的命运，走在时代前列的志士仁人首先将目光投向打败自己的西方列强。林则徐、魏源等作为少数睁眼看世界的士大夫阶层中的代表人物，于惨痛失败中发出"师夷长技以制夷"的怒吼；曾国藩、李鸿章、左宗棠、张之洞等少数汉族官僚面对"三千年未有之变局"而被迫"虚心忍辱"，发起洋务运动，力图通过学习西方的科学技术一雪国耻；洋务运动失败后，康有为、梁启超、谭嗣同等先进知识分子将学习的重点由"器物"上升到政治"体制"，发起维新变法运动，希望借此改变国运；与此同时，孙中山等革命者力求通过暴力革命的手段，建立资产阶级性质的民主共和国，实现"振兴中华"的宏大理想；辛亥革命失败后，陈独秀、李大钊等先进分子力主"一切都采用西洋的新法子，不必拿什么国粹、什么国情的鬼话来捣乱"①，发起全面学习西方文化的新文化运动。然而，由器物而制度而文化步步深入的"效法欧美"尝试，并没有改变中国的面貌，促使更多的中国先进分子对走西方道路产生了怀疑。毛泽东在回首这一情景时深刻指出，正是因为帝国主义的侵略使得中国人向西方学习的进程中断。中国人在很多方面向西方学习，但总是行不通。多次奋斗，辛亥革命那样规模的运动都以失败告终。"国家的情况一天一天坏，环境迫使人们活不下去。怀疑产生了，增长了，发展了"②。李大钊敏感地意识到："东洋文明衰颓于静止之中，而西洋文明又疲命于物质之下"，"世界非有第三种文明崛起，不足于渡世危崖"③。

就在中国先进分子苦苦探求中国出路之时，俄国爆发十月革命。它使得中国人尤其是先进知识分子从纷繁复杂的社会主义思潮当中认识到马克思主义的科学性和实践性，带给中国建立美好社会理想蓝图的新希望。受十月革命胜利的影响，1918年年底，中国一批知识分子开始注意到欧洲"赤色旗到处翻飞，劳工会纷纷成立，可以说完全是俄罗斯式的革命，可以说是二十世纪式的革命。像这般滔滔滚滚的潮流，实非现在资本家的政府所能防遏得住的"。李大钊公开表示俄国革命，不仅仅是俄国一国国民思变，"实是二十世

---

① 陈独秀：《今日中国之政治问题》，《新青年》第五卷第一号，1918年7月。

② 毛泽东：《论人民民主专政》（1949年6月30日），《毛泽东选集》第四卷，人民出版社1991年版，第1470页。

③ 李大钊：《东西文明根本之异点》，《李大钊全集》第二卷，人民出版社2013年版，第311页。

纪全世界人类普遍心理变动的显兆"①。新文化运动的旗手陈独秀，受俄国十月革命和五四运动的多重冲击，也由信奉资产阶级民主主义转向马克思列宁主义学说。1919年，陈独秀相继发表多篇"随感录"文章，指出20世纪俄罗斯的社会革命是"人类社会变动和进化的大关键"②；对于立宪政治，"不过做了一班政客先生们争夺政权的武器"，"马上都要成历史上过去的名词了"③。因此，人们应当关心"人民要有饭吃"，这才是"二十世纪劈头第一个大问题"。④1920年9月，陈独秀发表《谈政治》一文，也表示要"用革命的手段建设劳动阶级的国家"⑤，这表明陈独秀已转变为一个马克思主义者。受陈独秀、李大钊的影响和新时代、新思潮的洗礼，以蔡和森、毛泽东为代表的一批青年学生，很快成为马克思列宁主义的坚定信仰者。1920年9月16日，蔡和森致信毛泽东，明确提出"非组织与俄一致的（原理方法都一致）共产党，则民众运动、劳动运动、改造运动皆不会有力，不会彻底"，并提出建党的四个具体步骤⑥。在1921年1月21日给蔡和森的回信中，毛泽东明确表示"你这一封信见地极当，我没有一个字不赞成"⑦。中国先进分子通过比较选择与躬身实践，逐步形成"走俄国人的路"这一共识，并以中国共产党成立为标志，确立了马克思主义对于中国革命实践的指导地位，中国由此步入"以俄为师"新阶段。

---

① 李大钊：《Bolshevism的胜利》，《新青年》第五卷第五号，1918年11月15日。

② 只眼：《随感录——二十世纪俄罗斯的革命》，《每周评论》第十八号，1919年4月20日。《陈独秀文集》第一卷，人民出版社2011年版，第448页。

③ 只眼：《随感录——立宪政治与政党》，《每周评论》第二十五号，1919年6月8日。《陈独秀文集》第一卷，人民出版社2011年版，第486页。

④ 只眼：《随感录——吃饭问题》，《每周评论》第二十五号，1919年6月8日。《陈独秀文集》第一卷，人民出版社2011年版，第487页。

⑤ 陈独秀：《谈政治》，《新青年》第八卷第一号，1920年9月1日。《陈独秀文集》第一卷，人民出版社2011年版，第39—40页。

⑥《蔡林彬给毛泽东》（1920年9月16日），《蔡和森文集》（上），人民出版社2013年版，第73页。

⑦《毛泽东给蔡和森》（1921年1月21日），《蔡和森文集》（上），人民出版社2013年版，第77页。

　　马克思主义批判继承了人类历史上的优秀成果，超越了前人在哲学、政治经济学和社会主义等问题方面的研究成果，将人类对自然、社会和思维的认识上升到了新的高度，为人类认识和改造世界提供了科学的指导方法。马克思主义科学性，还表现在它能够经得起实践的检验，被称为科学真理。正如列宁指出的：马克思主义"不是死的教条，不是一成不变的学说，而是活的行动指南"①。中国共产党从成立之时起就坚定地以马克思列宁主义为自己指导革命实践的武器。但是，它在幼年时期由于缺乏经验，曾经一度盛行教条主义、经验主义，对苏共党和国家的发展建设模式敬若神明，不惜照搬照抄，使得单纯依靠工人暴动、"城市中心论"等一系列脱离中国实际的指导方针相继出台、屡遭挫折。以毛泽东为代表的中国共产党人总结革命的经验教训，逐步认识到：首先，马克思主义因其对人类社会的深刻剖析，科学性毋庸置疑，指明了人类社会未来的发展道路，因此适用于中国的革命实践；其次，中国的国情不同于苏联，更不同于西欧，马克思主义必须与中国的现实情况"嫁接"，形成具有中国特色、符合中国社会发展规律的理论，并以此指导中国的革命实践，才能真正达到改造中国的目的。因此，才会有"马克思主义中国化"命题的提出，新民主主义理论的诞生，开辟出农村包围城市武装夺取政权的中国特色革命新道路，取得了新民主主义革命的胜利。在社会主义建设方面，奉行"一边倒"政策的新中国借鉴苏联国家建设的经验，在恢复国民经济方面取得了很大的成效，但在某种程度上照搬苏联的做法，也给国民经济的进一步发展造成不小的消极影响。鉴于苏联社会主义建设模式出现的种种弊端，在1956年党的八大上，毛泽东明确提出要实行马克思主义同中国实际的"第二次结合"，决心走自己的路，探索符合中国国情的社会主义建设道路，建立独立完整的工业体系和国民经济体系。正是在总结这次尝试的经验与教训的基础上，中国共产党领导中国人民以建设具有中国特色的

----

　　① 《列宁选集》第二卷，人民出版社2012年版，第5页。

社会主义现代化为目标，将马克思主义与中国具体实践相结合，不断深化对中国特色社会主义规律的认识，在中国特色社会主义道路、理论体系、制度和文化方面取得了巨大的理论和实践突破，使中国赶上了快速发展的时代列车，实现了中国人民从获得解放到变得富有，再到真正强大的巨变。

如上历程表明，中国特色社会主义道路是近代以来中华民族为改变屈辱命运，实现民族独立、国家富强、人民幸福而不断求索的历史选择。在这一过程中，历经"效法欧美""以俄为师""中国特色"三个不断超越的递进阶段，表明中国特色社会主义本身蕴含着中西文明的碰撞与交融，体现着中国特色社会主义是历史和人民在不断推陈比较中借鉴、汲取、继承、发展人类文明优秀成果的产物。显然，中国特色社会主义道路，既不是封闭僵化的老路，也不是改旗易帜的邪路。历史和人民选择马克思主义的指导，缘于其为人类认识和改造世界提供了科学的指导方法。中国共产党在以马克思主义为顶层设计解决中国实际问题的过程中，结合中国传统文化中的优秀成分和中国在革命、建设和改革时期的具体实践，针对不同历史时期的重大问题，都围绕这一科学的思维和方法来解决。中国革命、建设和改革开放的成功和中华民族走向复兴的沧桑巨变，有力地证明了马克思主义无可置疑的科学性。历史的教训告诉我们，背离或放弃马克思主义，中国共产党就会失去灵魂、迷失方向，国家就会走入歧途，错失发展良机。坚持马克思主义指导地位就是坚持科学的发展道路和先进的指导方针，这是根本的、关乎全局的问题。

"时代是思想之母，实践是理论之源。实践发展永无止境，我们认识真理、进行理论创新就永无止境。"[①]中国共产党成立后，不断摸索革命斗争经验，经过无数次血与火的教训，逐步总结出"毛泽东思想"这一科学的理论，同时也是马克思主义理论与中国革命和建设发展相结合的第一个结晶。在这一理论的指导下，中国人民取得了革命斗争的胜利，建立了中华人民共

---

① 习近平：《在庆祝中国共产党成立95周年大会上的讲话》，《人民日报》2016年7月2日，第2版。

和国，并打下了我国未来发展的基础。党的十一届三中全会以后，历届中央领导集体立足未来发展、高瞻远瞩，逐步总结并形成中国特色社会主义理论体系，为中国在新世纪的发展奠定了坚实的理论基础。今天，时代变化和中国发展的广度和深度远远超出了马克思主义经典作家当时的想象。中国共产党仅仅走过了不到100年的时间，中华人民共和国社会主义建设也只有几十年的实践，还处在初级阶段。事业越发展新情况新问题就越多，也就越需要在实践上大胆探索、在理论上不断突破。因此，要以更加宽广的视野审视马克思主义在当代发展的现实基础和实践需要，坚持问题导向，聆听时代声音，更加深入地推动马克思主义同当代中国发展的具体实际相结合。真正做到不忘马克思主义的"初心"，推动中国化的马克思主义"继续前进"。

二、人民的主体地位内生不竭动力

在探索中国特色社会主义道路的历史进程中，贯穿着一条主线，这就是以人民为中心，将奋斗目标与人民的利益紧紧结合在一起。中国共产党诞生后的90多年来，虽然环境条件、国际国内形势和革命、建设和改革的任务发生了巨大的变化，但中国共产党始终站在人民群众的立场上，为人民群众谋利益的初心未改、原则不变。

马克思主义公开申明自己是无产阶级和劳动群众求解放的理论，第一次使无产阶级和劳动群众有了自己的科学理论，代表了无产阶级的利益，为人们认识世界和改造世界，特别是为认识和改造纷繁复杂的现代社会提供了一个崭新的科学方法论。作为指导人类历史向更高阶段发展的科学的世界观和方法论，马克思主义的诞生和发展促成了人类思想发展史的伟大变革，也推动着世界社会主义运动进入到一个新的阶段。把人民群众看作历史和现实发展实践的主体，是历史唯物主义的基本观点。

以马克思主义唯物史观为理论基石的中国共产党在成立之初就认识到，

共产党是工人阶级的先锋队，党组织若不与工人群众相结合，走不出知识分子的小圈子，就没有任何力量。1921年7月，中共一大通过的第一个纲领首次提出："革命军队必须与无产阶级一起推翻资本家阶级的政权。"①1922年7月，党的二大通过的宣言明确提出了党的奋斗目标是"组织无产阶级，用阶级斗争的手段，建立劳农专政的政治，铲除私有财产制度，渐次达到一个共产主义的社会"②。1945年6月党的七大通过的新党章在总纲中强调，"中国共产党人必须具有全心全意为中国人民服务的精神"，要求"每一个党员都必须用心倾听人民群众的呼声和了解他们的迫切需要，并帮助他们组织起来，为实现他们的需要而斗争"。③无论是大革命时期的动员民众、土地革命战争时期的根据地建设、抗战时期以兵民为本的持久战战略方针还是解放战争时期力量强大的后勤保障，都证明了共产党人进行革命斗争所凭借的、进行革命斗争的最终目的都是为了人民，因此才会最终走向了胜利建国的道路。

面对执政的考验，早在1945年7月，毛泽东在与著名民主人士黄炎培交谈中便明确了相信人民、依靠人民的基本原则，明确表示中国共产党已经找到新路，可以跳出王朝兴衰更替周期的轮回。这条新路，就是"让人民来监督政府，政府才不敢松懈。只有人人起来负责，才不会人亡政息"④。中华人民共和国成立后，广大人民的主人翁意识，帮助国家摆脱贫困、尽快发展建设的热情空前高涨。1956年，年轻的共和国完成了向社会主义社会的变革，确立社会主义的基本制度，消灭一切剥削，开始了新的社会制度下的探索。中国的社会主义建设虽然历尽艰辛但取得了很大的成就，完成了中华民族有

① 《中国共产党第一个纲领》（1921年7月），《建党以来重要文献选编（1921—1949）》第一册，中央文献出版社2011年版，第1页。

② 《中国共产党第二次全国代表大会宣言》（1922年7月），《建党以来重要文献选编（1921—1949）》第一册，中央文献出版社2011年版，第133页。

③ 《中国共产党党章》（1945年6月11日），《建党以来重要文献选编（1921—1949）》第二十二册，中央文献出版社2011年版，第535页。

④ 《毛泽东年谱（1893—1949）》（修订本）中卷，中央文献出版社2013年版，第610—611页。

史以来最为广泛而深刻的社会变革，在政治制度方面保障中国朝着马克思、列宁所开创的科学社会主义的道路前进，为国家富强、人民富裕打下牢固的基础，实现了中华民族由饱受自身贫困之苦和忍受外来欺凌到经济自立自强、对外平等交往的伟大飞跃。

十一届三中全会以后，总结中华人民共和国成立30年以来我国社会主义建设取得的经验和教训，党中央明确提出中国的发展要破除封闭僵化的思维，要进行改革开放新的伟大革命。以实事求是的态度指出我国处于社会主义初级阶段为出发点，改革开放以提高广大人民群众的生活水平为着力点，将衡量党和国家工作的根本标准聚焦于生产力是否发展、综合国力能否提高以及人民生活水平能否得到根本改善上，并以此为依据制定了"20世纪80年代末解决人民温饱问题""20世纪末达到小康水平""21世纪中叶达到中等发达国家水平"的国家发展"三步走"战略，以期达到人民生活比较富裕，基本实现现代化的水平。由此开启了中国特色社会主义现代化事业。

党的十八大站在中华民族伟大复兴的历史新起点，以人民为推动发展的根本力量，在20世纪末的中国总体达到小康社会水平的基础上，将"全面小康"作为奋斗目标，再次重申党的各项工作都要把三个"有利于"作为总的出发点和检验标准①。习近平总书记在讲话中多次描绘我国建设小康社会的蓝图：第一是党的干部队伍、国家政府机关、整个社会的政治风气要公正廉洁清明；第二是破除城乡二元结构，保障农民的基本生活和根本权益；第三是国家的物质力量和精神力量并举，人民物质和精神生活都得到改善；第四是保障人民群众在司法案件中得到公平待遇；第五是人民要看得见青山绿水、记得住乡愁。总而言之，中国要全面建成的小康是要为实现中国梦提供坚强力量支撑的小康。在习近平总书记主持通过的十三五规划中明确提出"坚持

---

① 习近平：《在庆祝中国共产党成立95周年大会上的讲话》，《人民日报》2016年7月2日，第2、3版。

以人民为中心的发展思想"①。在以人民为中心的发展思想统领下，我国经济增长更加惠及人民，使每个人都感受到国家发展的成果，突出表现为在改善民生方面取得了长足的进步，迈出共同富裕的步伐更加坚实有力。

90多年来，一代又一代中国共产党人，没有忘记人民利益至上这个"初心"，保持党的先进性的奥秘亦在于此。因此共产党人才会在人民群众中享有崇高威望，才会感召广大人民群众为了共同的美好生活而不断奋斗进取。细微之处折射出时代的发展进步，我们历经"解决温饱""小康水平""总体小康""全面建设小康""全面建成小康"多个发展阶段，目标的完成彰显着飞跃式的进步。党的十九大以后的3年，我们即将迎来"决胜阶段"。新的历史画卷逐次展开，但坚持以人民为中心的发展思想作为中国一切发展进步的前提这一事实没有改变。将国家的繁荣富强之梦与人民的共同富裕之梦交融，必定能最终成就"两个一百年"的奋斗目标，实现中华民族伟大复兴的中国梦！

三、开放的人类情怀拓展无限空间

正是基于吸纳人类文明一切优秀成果的开放性和以人民为中心的马克思主义本质属性，中国特色社会主义蕴含着面向世界贡献中国价值、中国智慧的内在诉求。

在漫长的历史长河中，中华民族逐渐培养起令人赞叹不已的世界精神。英国著名历史学家汤因比认为，中华民族的世界精神包括"儒教的世界观中所包含的人道主义""儒教和佛教所包含的合理主义"，以及"相信人类必须和人类以外的自然和谐地生存下去"的天人合一思想。基于"对于中国过去

---

① 《中共中央关于制定国民经济和社会发展第十三个五年规划的建议》，《人民日报》2015年11月4日，第1版。

两千年的成就和中华民族一直保持下来的优秀品质的认识",1972年,他在与池田大作展望21世纪的对话中一致认为:"未来统一全世界的既不是西欧国家,也不是西欧化的国家,恐怕会是中国。而且,正是因为中国有可能承担这一未来的政治作用,才使得中国赢得了当今世界令人震惊的信任。"①

"为全人类谋取最大的幸福"是中国共产党人投身民主革命的责任与使命②,也是中华人民共和国成立伊始便确立的目标与方向。政治协商会议共同纲领明确提出:"中华人民共和国可在平等和互利的基础上,与各国的政府和人民恢复并发展通商贸易关系。"③国际形势虽然跌宕起伏,但中国放眼世界、追求和平的脚步未曾停歇。1954年4月29日,中印两国签署《中印关于中国西藏地方和印度之间的通商和交通的协定》,将两国和平共处的原则写入序言。④1955年召开的万隆会议,会上发表了《关于促进世界和平与合作的宣言》,正式提出和平共处五项原则。⑤在中苏关系乃至整个世界局势趋于紧张之际,毛泽东在莫斯科出席庆祝十月革命四十周年大会上发言时,依旧强调"各国内部的事务由本国人民按照自己的意愿解决",并再次重申五项原则。⑥

进入21世纪,全球化的经济往来、多极化的政治共存、多样化的文化形态、信息化的社会背景,使得人类越来越相互依存、密不可分。国际形势的复杂性和全球性问题日益凸显,使得人类前途与命运成为世人无法回避的重

---

① [英]汤因比、[日]池田大作著:《选择生命——汤因比与池田大作对谈录》,冯峰、隽雪艳、孙彬译,商务印书馆2017年版,第346—347页。

② 李富春:《俄国和中国的无产阶级》(1925年),《李富春选集》,中国计划出版社1992年版,第1页。

③《中国人民政治协商会议共同纲领》(1949年9月29日),《建党以来重要文献选编(1921—1949)》第二十六册,中央文献出版社2011年版,第768页。

④ 即互相尊重领土主权、互不侵犯、互不干涉内政、平等互惠、和平共处,与后来的和平共处五项原则略有区别。见《毛泽东年谱(1949—1976)》第二卷,中央文献出版社2013年版,第240—241页。

⑤ 即互相尊重主权和领土完整、互不侵犯、互不干涉内政、平等互利、和平共处。

⑥《毛泽东年谱(1949—1976)》第三卷,中央文献出版社2013年版,第237页。

大理论与现实问题。

党的十八大以来，以习近平同志为核心的党中央围绕人类未来命运，明确指出：当今世界，各国相互依存、休戚与共，必须构建以合作共赢为核心的新型国际关系，打造人类命运共同体。习近平总书记强调：要建立平等相待、互商互谅的伙伴关系，营造公道正义、共建共享的安全格局，谋求开放创新、包容互惠的发展前景，促进和而不同、兼收并蓄的文明交流，构筑尊崇自然、绿色发展的生态体系。①其中，构建伙伴关系是主要途径，实现共同安全是重要保障，坚持合作共赢是基本原则，促进文明交流是牢固纽带，推动可持续发展是必要条件。这五个方面从不同角度诠释了人类命运共同体的内涵，相辅相成、缺一不可，形成一个完整统一的有机整体。人类命运共同体思想的提出，高度契合人类社会发展进步潮流，面向人类与未来提供了中国方案与中国智慧，体现出中国共产党站在全人类立场的真切观照。

构建人类命运共同体是针对当今世界因"文明冲突"论而引发的冲突与战争，系统阐发文明交流互鉴思想，从文明观的高度为人类社会走向和平、繁荣的未来提出根本解决方案。习近平总书记明确指出：文明是多彩的，"一花独放不是春，百花齐放春满园"，吸引人们眼球的，正是多姿多彩的文明成果；文明是平等的，没有高低、优劣之分；文明是包容的，一切文明成果都值得尊重，一切文明成果都要珍惜；文明因交流而多彩，文明因互鉴而丰富，只有进行文明的交流互鉴，人类才能充满生命力，实现文明和谐，消除危及人类未来的"文明冲突"。②这表明，人类命运共同体所促进的是不同文化之间相互借鉴、和谐共存，超越传统国家间政治与意识形态的分歧与界限，是对文明间相互冲突理论的彻底回应，有利于防止文明之间相互敌视，

---

① 习近平：《携手构建合作共赢新伙伴　同心打造人类命运共同体》，《人民日报》2015年9月29日，第2版。
② 习近平：《在联合国教科文组织总部的演讲》，《人民日报》2014年3月28日，第2版。

推动不同文明之间的对话共生。

构建人类命运共同体是中国特色社会主义的题中应有之义，是马克思主义追求人类文明进步的具体体现。人类命运共同体思想，是对马克思主义"自由人的联合体"思想的继承与发展，是中国坚持走和平发展道路在面临新的历史时期的顶层设计，是对中国特色社会主义道路的发展与创新。中国特色社会主义是主张和平的社会主义，以和平发展为标志性特征和根本战略。中国通过和平的方式，实现跨越式发展，既跳出了通过发动对外战争实现国家崛起这一落后的历史框架，也改写了国家强大必然称霸世界或一隅的陈旧逻辑，成功超越了资本主义现代化的发展模式，证明"修昔底德陷阱"完全可以避免，证明通往现代化并非只有西方的一条路，寻找适合本国国情的发展模式才是不变的法则、永恒的真理。中国已经找到适合本国现实情况的发展道路，也为其他国家探索和坚持符合自身国情的发展道路提供了有益借鉴。中国特色社会主义道路、理论、制度、文化不断发展，拓展了发展中国家走向现代化的途径，给世界上那些既希望加快发展又希望保持自身独立性的国家和民族提供了全新选择，为解决人类问题贡献了中国智慧和中国方案。由此可见，构建人类命运共同体正是实现世界和平与共同发展的有效路径。构建人类命运共同体所蕴含的中国道路不只属于中国，也属于全人类。中国倡导并推动人类命运共同体建设，将中国自身的前途命运同世界未来的发展走向紧紧相连，站在环视全球的高度，以世界眼光探寻中国道路，体现出中国寓自身发展于世界、以自身发展带动世界的广度与深度。

绽放中国特色，共创世界未来，正是习近平总书记关于人类命运共同体思想的世界意义。伴随着人类命运共同体理论的提出与中国特色社会主义实践的深入发展，一个以和平的方式持续发展、以文明的姿态共同发展的未来世界，一个极具多样性与和谐性的新时代即将到来。

综上所述，中国特色社会主义的自信以其深厚的历史积淀和科学的理论体系指引正确的前进方向，以人民为中心的主体地位内生不竭的动力，以博大的开放胸怀汲取先进养分，以宽广的人类情怀拓展无限的发展空间。理论的科学性、坚定的人民性、面向世界的开放性是中国革命、建设、改革开放不断取得胜利的动力源泉，也是当今的中国站在历史新的起点，继续发展21世纪马克思主义，面向世界与未来贡献中国智慧与中国方案的自信之源。

后记 CHINA
SELF-CONFIDENCE

　　我们所处的新时代，是将要实现人的幸福与民族复兴的时代。在这样的新时代，自信比以往任何时候都显得更加重要。自信是客观判断自身价值的自我肯定，是理性把握事物发展的内在规律，进而积极面对未来的勇气与力量之源泉。一个没有自信的人，可能会拥有丰厚的物质和财富，但很难期待幸福的来临。伟大的教育家徐特立曾经说过，任何人都应该有自尊心、自信心、独立性，不然就是奴才。一个没有自信的民族，可能会在百里之行中接近终点，但很难达到事业成功的巅峰。正如党的十九大报告指出：没有高度的文化自信，没有文化的繁荣兴盛，就没有中华民族伟大复兴。

　　本书力求站在历史与现实、中国与世界两个维度，将中国特色社会主义放在近现代中国历史发展的背景中进行考察，探索新时代中国自信的内在动力与丰富内涵。从中我们可以看到，中国特色社会主义是中华民族为完成民族独立和人民解放、国家繁荣富强和人民共同富裕这两大历史任务，由数代仁人志士不断求索而找到的适合中国国情的民族发展与振兴之路。这其中，既有遭遇"三千年未有之变局"而被迫"虚心忍辱"以"师夷"雪"国耻"的最初尝试；也经历了十月革命给中国送来马克思主义，使中国的先进分子在"以俄为师"中掌握了"伟大的认识工具"，引发了中华文明深刻变革；更有中国共产党人将马克思主义与中国具体实际和中华民族优秀传统文化相结合，不断开拓马克思主义中国化新境界，开辟了中国特色社会主义的新篇章。这一历史进程，蕴含着中西文明的碰撞与交融，体现着马克思主义的不断创新与发展，揭示了中国特色社会主义站在社会进步、时代发展的前沿，不断吸收、借鉴人类文明的一切优秀成果的本质属性，彰显了中国特色社会主义开放自信的根本特征。这是中国革命、建设、改革开放不断取得胜利的动力源泉，也是当今的中国站在历史新的起点，继续发展21世纪马克思主义，面向世界与未来贡献中国智慧与中国方案的自信之源。中国特色社会主义以其深厚的历史积淀和科学的理论体系指引正确的前进方向，以人民为中心的主体地位内生不竭的动力，以博大的开放胸怀汲取先进养分，以宽广的人类情怀拓展无限的发展空间，由此铸就了中国自信的丰厚内涵。

本书在写作过程中，我指导的博士研究生刘芳、张凯、杨晓成、王勤瑶、吴尹浩以及硕士研究生李玉祥、杨步青等参与了书稿的资料收集、整理等工作，辽宁人民出版社亦给予了诸多支持，在此一并致谢！

纪亚光

2019年2月